CONTRIBUCIÓN A LA CRÍTICA DE LA CONCEPCIÓN DEL SUBDESARROLLO DE LA CEPAL

JOSÉ EULOGIO TORRES ÁBREGO

Publicado por Ibukku
www.ibukku.com
Diseño y maquetación: Índigo Estudio Gráfico
Copyright © 2017 JOSÉ EULOGIO TORRES ÁBREGO
ISBN Paperback: 978-1-64086-000-1
ISBN eBook: 978-1-64086-001-8
Library of Congress Control Number 2017941809

ÍNDICE

PRÓLOGO

Expongo, en el presente trabajo, los resultados de mi revisión crítica de la concepción del subdesarrollo de la CEPAL. La CEPAL es, sin lugar a dudas, la escuela más avanzada en teoría del subdesarrollo. Destacar sus contribuciones fundamentales que, en mi opinión, deben servir de base a la elaboración de una teoría del subdesarrollo, así como las limitaciones e insuficiencias que le han impedido una concepción científica, constituyen la razón de ser del trabajo. El mismo contiene cinco capítulos.

En la introducción destacamos que la Revolución Industrial como punto de partida del subdesarrollo, así como el reconocimiento de los conceptos *subdesarrollo* y *sistema centro periferia* conforman aportes significativos de esta escuela.

En el segundo capítulo subrayamos que en el reconocimiento por la CEPAL de la Revolución Industrial como punto de partida del subdesarrollo estriba, al mismo tiempo, su primera gran debilidad: su concepción de la Economía Política como ciencia, es decir, como una relación entre cosas (entre el *progreso técnico* y la *distribución* de los incrementos de productividad que derivan de ese progreso técnico o cambio tecnológico, por ejemplo) o entre el hombre y las cosas, típica de la escuela neoclásica, y no como el estudio de las relaciones entre los hombres en el proceso productivo; así como la fragilidad del carácter ideológico de su pensamiento, y la poca profundidad del estudio y la significación analítica del *estilo, modelo* o *período de expansión* o *desarrollo hacia afuera.*

En el capítulo tercero concentramos la atención en el **principal aporte teórico de Prebisch y punto de partida de la teoría del subdesarrollo** según Furtado, es decir, en su concepción del subdesarrollo como **una ruptura estructural causada por la lenta propagación del progreso técnico y perpetuada por la división internacional del trabajo;** subrayando que la división de la economía mundial en centros industriales por una parte, y países periféricos de producción primaria por la otra, no es producto de la propagación dispareja del progreso técnico, como sostiene Prebisch, **sino el resultado inexorable de la nueva división internacional del trabajo que implanta la Revolución Industrial al desencadenar del proceso de integración de la economía mundial.** Dicho en otros términos, el "**sistema centro-periferia**" no es resultado de una una ruptura estructural causada por la lenta propagación del progreso técnico y perpetuada por la división internacional del trabajo, sino al revés, **la nueva división internacional del trabajo es la base que explica la lenta propagación del progreso técnico en la periferia.** Esta concepción del subdesarrollo de la CEPAL constituye su principal debilidad, es decir, el verdadero talón de Aquiles de toda su teoría.

En el cuarto capítulo nos ocupamos del trato insuficiente del llamado *período, estilo o modelo de expansión o desarrollo hacia afuera,* en la evolución de la teoría del subdesarrollo de la CEPAL, indicando que el mismo está ausente en las cinco etapas o *cuadro síntesis de los elementos que componen el pensamiento de la CEPAL,* según *Ricardo Bielschowsky,* lo que trastoca completamente dicho cuadro, pues se elimina el período de formación de las clases sociales específicas y responsables del subdesarrollo, es decir, de la **oligarquía moderna formada por la burguesía antinacional exportadora-importadora que surge después de la Revolución Industrial, al implantarse la nueva división inter-**

nacional del trabajo, como resultado directo del proceso de integración de la economía mundial. He ahí la razón que le ha impedido a la CEPAL la elaboración de una teoría científica del subdesarrollo.

En el quinto y último capítulo definimos, sobre la base de las clases sociales específicas y responsables del subdesarrollo, la naturaleza de los Estados en América Latina subrayando que los Estados que surgieron como resultado del proceso de independencia, jamás se establecieron, organizaron y consolidaron, como ha sostenido el pensamiento regional, como Estados nacionales. Inversamente, siempre se organizaron y consolidaron como instrumentos de las **oligarquías** latinoamericanas. Algunas veces como expresión de la **oligarquía tradicional** (el caso del Estado mexicano hasta el triunfo del liberalismo con Juárez, o del Estado brasileño de la época del Imperio); otras, como forma de dominación de la **oligarquía moderna** (el Estado argentino durante todo el siglo XIX y prácticamente hasta el triunfo del radicalismo); y no pocas veces, como un instrumento de la alianza entre la **oligarquía moderna y la oligarquía tradicional** (el Estado mexicano del porfiriato o el Estado brasileño de la primera República).

Finalmente, importa señalar, para terminar, que con este escrito sentamos las bases, en nuestra opinión, para la elaboración científica de una teoría del subdesarrollo.

Expreso mi gratitud a todas aquellas personas que de una u otra forma contribuyeron a su preparación.

EL AUTOR

Panamá, enero de 2017.

I. INTRODUCCIÓN

En el proceso del conocimiento de la realidad objetiva surgen determinados conceptos a través de los cuales los hombres fijan y expresan las propiedades, vínculos y características de los objetos y fenómenos del mundo exterior. Los conceptos que reflejan los aspectos, vínculos o características más importantes de un campo de fenómenos constituyen sus *categorías.* Cada ciencia posee sus propias categorías. En el caso del campo de la Teoría del subdesarrollo sus categorías surgen en el período de la primera postguerra.

Después de la Segunda Guerra Mundial, en las publicaciones de las Naciones Unidas comenzó a utilizarse la categoría *subdesarrollo* para designar la **realidad histórico-específica** de los países periféricos vinculados al sistema capitalista. Se expresaba, con esta categoría, el conjunto de propiedades, características, vínculos y relaciones, **esenciales-generales y específicas,** del nuevo fenómeno que alcanzaba en el proceso de su evolución el punto de su plena madurez. Era la forma, para decirlo de otra manera, como el pensamiento se apropiaba de esta nueva realidad histórica. A tal punto la sociedad tomó conciencia del subdesarrollo que surgieron innumerables dependencias estatales, internacionales, académicas y universitarias ocupadas del fenómeno.

"Si en 1944 —indican Cecilia Nahón, Corina Rodríguez Enríquez y Martín Schorr—, no existía ni siquiera un organismo internacional especialmente dedicado a este fin [...] entre ese año y la actualidad se crearon más de cuarenta organismos internacionales de desarrollo del subdesarrollo, dentro y fuera del sistema de las Naciones Unidas. (Más aun)...uno de los aportes sustanciales de la producción latinoamericana de la época —agregan los autores— fue su papel en la constitución de un novedoso campo de estudio

*en las ciencias sociales: el aquí denominado **campo del desarrollo del subdesarrollo"** [1].*

No es difícil inferir, por tanto, que la significación de la aparición de la categoría *subdesarrollo* consiste en que al llegar a este momento, el subdesarrollo como fenómeno histórico culmina su proceso de formación, es decir, completa todas sus fases fundamentales al punto que la sociedad toma plena conciencia del hecho y se prepara para estudiarlo y enfrentarlo.

Visto de esta manera, el subdesarrollo se presenta como una **totalidad concreta,** como un conjunto de característica, propiedades, vínculos, determinaciones, relaciones, etc., que conforman su contenido.

Ahora bien, en el trayecto del proceso histórico del conocimiento las categorías no surgen todas juntas y al mismo tiempo. Cada una de ellas está estrechamente vinculada a un determinado estadio del desarrollo del conocimiento. Fijando las relaciones y propiedades que se manifiestan en ese determinado estadio, las categorías reflejan las particularidades de ese estadio y aparecen como un escalón más en la escalera del conocimiento, como un momento de transición de un estadio inferior a otro superior del conocimiento del objeto por el hombre.

---

(1) Cecilia Nahón, Corina Rodríguez Enríquez y Martín Schorr, *El pensamiento latinoamericano en el campo del desarrollo del subdesarrollo: trayectoria, rupturas y continuidades*; pp. 330, 327-328; Tomado de **Crítica y teoría en el pensamiento social latinoamericano;** Buenos Aires: CLACSO, 2006, ISBN 987-1183-55-0; 448 páginas. Entre la larga lista de organismos creados a partir de 1944 se destaca la fundación del Banco Internacional de Reconstrucción y Fomento (1944), Fondo Monetario Internacional (1944), Fondo de las Naciones Unidas para la Infancia (1946), Banco Interamericano de Desarrollo (1959), Organización para la Cooperación y el Desarrollo Económico (1960), Banco Africano de Desarrollo (1963), Instituto de Investigación del Comercio y el Desarrollo (1964), Banco Asiático de Desarrollo (1965), Programa de las Naciones Unidas para el Desarrollo Social (1963), Conferencia de las Naciones Unidas para el Desarrollo (1965), etc. (Ibíd., p. 330-331).

En el caso del campo de la teoría del subdesarrollo de la CEPAL, el surgimiento y la aparición de sus conceptos y categorías fundamentales puede resumirse de la siguiente manera. Todo indica, según Octavio Rodríguez, que los conceptos *centro* y *periferia* fueron utilizados por primera vez en 1946. A partir de estos conceptos van surgiendo otros como el llamado *desarrollo hacia afuera* en la que las nuevas técnicas sólo se implantan en los *sectores primario-exportadores* para producir *alimentos y materias primas a bajo costo* con destino a los grandes *centros industriales.* Surge así una relación en la que *los términos del intercambio* implican que *el poder de compra de bienes industriales de una unidad de bienes primarios de exportación* se reduce con el transcurso del tiempo. La tendencia a la desigualdad entre *los dos polos* del *sistema centro-periferia* es inherente a su dinámica y característica de la fase de *desarrollo hacia afuera.* La *demanda de importaciones industriales* de los centros tiende a crecer con relativa celeridad, en tanto que sus *exportaciones primarias* a aquellos tienden a crecer con relativa lentitud. De ahí la tendencia al *estrangulamiento externo* inherente a la periferia y la necesidad de la *industrialización* propia del *periodo de expansión hacia adentro* que se inicia en forma *espontánea* con la Primera guerra mundial y continua con la Gran depresión de los años treinta y la Segunda Guerra Mundial. Luego de un periodo de auge del proceso de industrialización en los años cincuenta y sesenta se llega a un proceso de *internacionalización del mercado interno* y de *estancamiento económico.* He ahí la síntesis.

Es evidente, por tanto, que los conceptos y las categorías del fenómeno además de **reflejar** las propiedades, vínculos, etc., son al mismo tiempo, puntos de apoyo y reflejan **distintos grados** en el desarrollo del conocimiento, es decir, distintos momentos de transición de estadios inferiores a estadios superiores del conocimiento del objeto. De allí el vínculo y dependencia recíproca-natural entre los conceptos y las categorías, la necesidad de concebirlas como escalones de la misma escalera del conocimiento, como un sólido y lógico sistema en el cual cada categoría ocupa su **lugar y únicamente el lugar que le corresponde.**

Conviene subrayar, sin embargo, que la categoría *subdesarrollo* piedra angular de la teoría del subdesarrollo, no ha tenido una aceptación generalizada en el campo de la Economía política.

Poco tiempo después de su aparición, los organismos de Naciones sustituyeron la categoría *subdesarrollo* por el concepto **países en desarrollo** (*developing coutries*). Autores como Bettelheim y toda una serie de estudiosos de la teoría de la dependencia cuestionaron, a su vez, la validez de la categoría.

*"Personalmente —señala Bettelheim—, yo pienso que si los problemas de los pueblos más deshederados son designados por la expresión problemas de los **países subdesarrollados** y no por alguna expresión científicamente más exacta, ello se debe al esfuerzo consciente e inconsciente, poco importa, de mistificación de la ideología burguesa. Desde un punto de vista científico —agrega—, es necesario en mi opinión sustituir la expresión países subdesarrollados por la expresión más exacta de **países explotados, dominados** y con una economía deformada"* [2]. *"El concepto **dependencia** —afirma, por su parte, Theotonio Dos Santos— surge en América Latina como resultado del proceso de discusión sobre el tema del subdesarrollo y el desarrollo. En la medida en que no se cumplen las expectativas puestas en los efectos de la industrialización, se pone en duda la teoría del desarrollo que sirve de base al mo-*

---

(2) Charles Bettelheim, **Planification et croissance aceélereé**; Francois Maspero; pp. 26-27; París, 1967. Negritas de José E. Torres A. (JETA)

delo de desarrollo nacional e independiente elaborado en los años 50. El concepto que sirve de camino para la superación de los errores anteriores es el de **dependencia**" [3].

No todos los representantes de la llamada *teoría de la dependencia* aceptan, sin embargo, este punto de vista. Así, para algunos autores el concepto dependencia expresa un rasgo específico del subdesarrollo más bien que una categoría que sustituya a esta última.

"La dependencia —apunta por ejemplo, Silva Michelena y Heinz Rudodolf— es un rasgo específico e ineludible del subdesarrollo; esta dependencia tiene carácter estructural, es decir, que forma parte constitutiva del conjunto de relaciones de producción que integran la base de la formación socio-económica llamada subdesarrollo" [4].

Con todo, la gran mayoría de los autores de esta "escuela" aceptan la primera posición, es decir, que en la medida en que las teorías sobre la industrialización preconizadas por la CEPAL no encontraron respuesta en la realidad latinoamericana el concepto dependencia debía sustituir al concepto subdesarrollo.

Pues bien, estas posiciones nos parecen poco afortunadas.

La falta de correspondencia entre las características **específicas, generales y esenciales** de un fenómeno y el concepto

---

(3) Theotonio Dos Santos, **Imperialismo y dependencia**. Ediciones ERA, 1a. ed.; p. 300, México, 1978. Esta posición ya la había expresado Dos Santos en su trabajo, *La crisis de la teoría del desarrollo y las relaciones de dependencia en América Latina*, que aparece en **La dependencia político-económica de América Latina;** Siglo XXI, 2a. ed., p. 173; México, 1970.

(4)   Héctor Silva Michelena y Heinz Rudolf Sanntag, **Universidad, dependencia y revolución;** Siglo XXI; 3a. ed., p. 89; México, 1973.

o categoría que lo designa puede justificar la sustitución de un concepto por otro, o cuando un concepto por su mayor precisión y exactitud resulta más adecuado que otro para referirse a una determinada relación o proceso objetivo. Pero este no es el caso. Cuando la relación natural entre el mundo objetivo y las categorías se rompe por un manejo arbitrario, se deforma la naturaleza específica de los fenómenos que en ellas se fijan. Es lo que ocurre con el concepto **dependencia.** Esta categoría no es específica del fenómeno, no surge con el desarrollo de aquel. Es por ello que cuando Cardoso afirma que [...] "aun sin remontarnos a períodos anteriores al siglo XX, ya en Lenin y Trotsky, por ejemplo, la expresión dependencia aparece con cierta frecuencia" [5], no se da cuenta que es la víctima de su propia trampa, pues la connotación de esta categoría revela cuán diferente es su contenido, no sólo de la realidad que se expresa con el concepto subdesarrollo, sino de aquella a que se refieren los estudiosos de la dependencia. Así, cuando Lenin habla de "la necesidad de explicar constantemente y de denunciar ante las masas trabajadoras más amplias de todos los países, y particularmente de los países atrasados el engaño que realizan sistemáticamente las potencias imperialistas, las cuales, con apariencia de Estados políticamente independientes, crean Estados que son totalmente dependientes de ellas en el sentido económico, financiero y militar" [6], no se refiere a Estados que son totalmente dependiente en el sentido de una "relación" del "intercambio desigual" o de un "proceso de sustitución de importaciones" frustrado y menos de la "internacionalización del mercado interno", para sólo citar algunos ejemplos, pues estos procesos **característicos, particulares y esenciales** del

---

(5) Fernando Henrique Cardoso, *Notas sobre el estado actual de los estudios sobre dependencia,* en **Desarrollo latinoamericano** (ensayos críticos); selección de José Serra; Fondo de Cultura Económico; 1a. ed., p. 325; México, 1974.

(6) V. I. Lenin, *Obras Completas*, Ed. Cartago, Tomo XXXIII, 292; Buenos Aires; citado por Vania Bambirra, **Teoría de la dependencia: una anticrítica;** Ediciones ERA, 1a., p. 51 ; México, 1978.

subdesarrollo (dependencia) no se conocían en su época. Además, Lenin jamás utilizó la categoría dependencia para designar como lo hace con la categoría imperialismo, a un fenómeno o totalidad específica; hablar de Estados (o países) totalmente dependientes no significa, en modo alguno, hablar de dependencia (subdesarrollo) en el sentido de una formación material históricamente concreta. No es casual por ello, que exista, como señala Cardoso, […] "un hiato de medio siglo entre la ola actual de los análisis acerca de la dependencia en la bibliografía latinoamericana y las formulaciones de los clásicos del marxismo"[7].

De allí la necesidad de utilizar la categoría **subdesarrollo** en lugar de *dependencia* para referirnos a la realidad histórico-específica de los países de la periferia del sistema capitalista. Se trata de una categoría nueva para designar un fenómeno nuevo lo que representa un enorme progreso en la conceptualización del problema fundamental de la ciencia económica contemporánea.

Mantener el uso de la categoría **subdesarrollo** a pesar de los intentos de la corriente de la dependencia en la CEPAL de sustituirlo por el concepto *dependencia* a finales de la década de los sesenta, constituye uno de los principales méritos de Prebisch.

*"Hemos presentado —señala Prebisch— nuestro concepto de las relaciones de dependencia para prevenir confusiones que no son infrecuentes. **Atribuyese así el llamado subdesarrollo a la dependencia. Es confundir dependencia y subdesarrollo"**.* [8]

---

(7) Fernando Henrique Cardoso, Ob. cit., pp. 325-326.

(8) Raúl Prebisch, **Capitalismo periférico. Crisis y transformación,** Fondo de Cultura Económica, primera edición, p. 206; México, D. F., 1981. (Negritas del JETA)

II. CONTRIBUCIONES E INSUFICIENCIAS DE LA CONCEPCIÓN DEL SUBDESARROLLO DE LA CEPAL

1. LA REVOLUCIÓN INDUSTRIAL COMO PUNTO DE PARTIDA Y PRIMERA GRAN CONTRIBUCIÓN DE LA CEPAL AL MISMO TIEMPO QUE REVELADORA DE SU PRIMERA GRAN DEBILIDAD: SU CONCEPCIÓN DE LA ECONOMÍA POLÍTICA COMO CIENCIA

Naturalmente que el fenómeno y la categoría que lo designa son dos cosas completamente distintas. El subdesarrollo como fenómeno histórico-natural surge con la Revolución Industrial en tanto que su categoría aparece después de la Segunda Guerra Mundial cuando el fenómeno culmina su gestación. En el reconocimiento de la Revolución Industrial como punto de partida del subdesarrollo estriba, en mi opinión, la primera contribución de la CEPAL a la elaboración de una teoría científica del subdesarrollo al mismo tiempo que su primera gran debilidad: la concepción de la Economía como ciencia.

"En el largo periodo que transcurre desde la Revolución Industrial hasta la primera Guerra Mundial, las nuevas formas de producir en que la técnica ha venido manifestándose incesantemente sólo han abarcado una proporción reducida de la población mundial. El movimiento se inicia en la Gran Bretaña, sigue con distintos grados de intensidad en el continente europeo, adquiere un impulso extraordinario en los Estados Unidos

y abarca finalmente al Japón, cuando este país se empeña en asimilar rápidamente los modos occidentales de producir. Fueron formándose así los grandes centros industriales del mundo, en torno de los cuales la periferia del nuevo sistema, vasta y heterogénea, tomaba escasa parte en el mejoramiento de la productividad. Dentro de esa periferia, el progreso técnico sólo prende en exiguos sectores de su ingente población, pues generalmente no penetra sino allí en donde se hace necesario para producir alimentos y materias primas a bajo costo, con destino a aquellos grandes centros industriales. [1]

"En la formulación de mi punto de vista —subraya Prebisch— mencioné desde el principio el papel del progreso técnico. Entre los aspectos principales de este fenómeno, mi interés se vio atraído en particular por la cuestión de la difusión internacional del progreso técnico y la distribución de sus frutos, ya que los datos empíricos revelaban una desigualdad considerable entre los productores y exportadores de bienes manufacturados, por una parte, y los productores y exportadores de bienes primarios, por la otra.[...]El tipo de conexión de cada país periférico con el centro, y la amplitud de esta conexión, dependían en gran medida de sus recursos y de su capacidad económica para movilizarlos. En mi opinión, este hecho tenía la mayor importancia, ya que condicionaba la estructura económica y el dinamismo de cada país.[...] [2]

---

(1) Raúl Prebisch, *Crecimiento, desequilibrio y disparidades: interpretación del proceso de desarrollo económico* (Primera parte del *Estudio Económico de la América Latina, 1949,* CEPAL); tomado de la Lectura N° 46*, **La obra de Prebisch en la CEPAL,** Selección de Adolfo Gurrieri en dos partes, de la serie Lecturas de El Trimestre Económico; Fondo de Cultura Económica, primera edición; Primera parte (El programa inicial en la CEPAL), p. 156; México, 1982.

(2) Raúl Prebisch, *Cinco etapas de mi pensamiento sobre el desarrollo* (ensayo presentado en un seminario del Banco Mundial), en CEPAL, **Raúl Prebisch: un aporte al estudio de su pensamiento,** LC/G.1461, p. 14-15; Santiago de Chile, marzo de 1987. Publicación de las Naciones Unidas, N° de venta S.87.II.G.6.

En estas afirmaciones que constituyen la *piedra de toque* de la concepción del subdesarrollo de la CEPAL, tanto en su visión estructuralista como en su visión neo-estructuralista se revela su primera gran debilidad: su concepción de la Economía como el estudio de las relaciones entre cosas (entre el *progreso técnico* y la *distribución* de los incrementos de productividad que derivan de ese progreso técnico o cambio tecnológico, por ejemplo) o entre el hombre y las cosas, típica de la escuela neoclásica. En los textos de Teoría económica, cualquiera que sea su procedencia y siguiendo a Samuelson, la Economía o Economía política se define como el estudio de:

"1) ...las actividades que, con dinero o sin él, implican transacciones de intercambio entre las personas"; 2) [...]"la forma en que las personas deciden usar los recursos productivos escasos o limitados (la tierra, el trabajo, los bienes de capital como la maquinaria y los conocimientos técnicos) para producir diversas mercancías (como trigo, carne de vaca, abrigos, yates; conciertos, carreteras, bombarderos) y distribuir estos bienes entre los miembros de la sociedad para su consumo"; 3) [...]"las personas en sus ocupaciones diarias de ganarse la vida y disfrutar de ella"; 4) [...]"la forma en que los seres humanos organizan sus actividades de consumo y producción"; 5) [...]"la riqueza"; 6) [...] "los modos de mejorar la sociedad y hacer posible la civilización humanitaria"...…Hoy –agrega Samuelson—, los economistas están de acuerdo en una definición general del tipo de la siguiente: La economía es el estudio de la manera en que las personas y la sociedad terminan 'por elegir', usando o no dinero, el empleo de los recursos productivos 'escasos' que podrían tener usos alternativos para producir diversos "bienes y 'distribuirlos' para su consumo, presente o futuro, entre las diferentes personas y grupos de la sociedad. La economía analiza los costos y beneficios derivados

de la mejora de los patrones de utilización de los recursos ".
(3)

Esta concepción de la Economía o Economía Política como relaciones entre cosas o entre cosas y el hombre es una característica común a neoclásicos y cepalistas y a la que Prebisch no pudo renunciar al despojarse del pensamiento neoclásico.

"Yo creía —indica— en todo aquello que los libros clásicos de los grandes centros me habían enseñado. Creía en el libre cambio y en el funcionamiento automático del patrón oro. Creía que todos los problemas de desarrollo se resolvían por el libre juego de las fuerzas de la economía internacional o de la economía interna. Pero cuando vino la gran depresión mundial, aquellos años de zozobra me llevaron a ir desarticulando paso a paso todo lo que se me había enseñado y a arrojarlo por la borda. Era tan grande la contradicción entre la realidad y la interpretación teórica elaborada en los grandes centros, que la interpretación no sólo resultaba inoperante cuando se llevaba a la práctica, sino también contraproducente.[4]

"He realizado——agrega en otro lugar— un gran esfuerzo para escapar a esas teorías y explicar con independencia intelectual los fenómenos del desarrollo periférico.....Como alguna vez recordé, durante mi juventud estas teorías me sedujeron por su precisión y elegancia matemática. Y también por su fuerza persuasiva ". [5]

---

(3) Paul A. Samuelson, **Economía,** Libros McGraw Hill de México, S.A., undécima edición, p. 2; México, D. F. 1984.

(4) Raúl Prebisch, **Hacia una dinámica del desarrollo latinoamericano**, Fondo de Cultura Económica, Primera reimpresión, p. xii; México, D.F., 1971.

(5) Raúl Prebisch, **Capitalismo periférico. Crisis y transformación**, Fondo de Cultura Económica, primera edición; p. 247; México, D. F., 1981.

La herencia neoclásica de esta concepción de la economía como una relación entre cosas o cosas y el hombre, así como su "elegancia matemática", está tan arraigada en la CEPAL que pese a su crítica veraz y contundente al pensamiento neoclásico, sigue incólume e inamovible hasta hoy. Sin embargo, la Economía Política como ciencia no tiene nada que ver con semejante concepción.

> *"La Economía —subraya Engels— no trata de cosas, sino de relaciones entre personas y, en última instancia, entre clases; si bien estas relaciones van siempre unidas a cosas y aparecen como cosas. Aunque ya algún que otro economista hubiese vislumbrado, en casos aislados, esta conexión, fue Marx quien la descubrió en cuanto a su alcance para toda la Economía, simplificando y aclarando con ello hasta tal punto los problemas más difíciles, que hoy hasta los propios economistas burgueses pueden comprenderlos."* [6] *"La Economía Política —reafirma Lenin, por otra parte—, no se ocupa en modo alguno de la* **producción**, *sino de las relaciones sociales de los hombres en la producción, del régimen social de la producción. Una vez que estas relaciones sociales han sido aclaradas y analizadas hasta el fin,* **con ello mismo** *queda determinado también el lugar de cada clase en la producción y, por consiguiente, la parte del consumo nacional que recibe".* [7]

Y como la Economía como ciencia sólo se ocupa de las relaciones sociales de los hombres en la producción, es decir, que

---

(6) F. Engels, *La Contribución a la crítica de la Economía política, de Carlos Marx;* **Obras escogidas;** Editorial Progreso, Tomo I; p. 352; Moscú, 1955.

(7) V. I. Lenin, *El desarrollo del capitalismo en Rusia (el proceso de la formación de un mercado interior para la gran industria);* en **Obras completas,** Editorial Cartago, Tomo III, p. 54; Buenos Aires, 1957.

trata con el **movimiento social, con la forma superior y más compleja del movimiento de la materia, es completamente arbitrario y carente de sentido pretender matematizarlo.**

"Cuanto más ricos en determinaciones —y, por lo tanto, en relaciones— son los pensamientos —señala Pitágoras—, ***más intrincada, por una parte, y por otra más arbitraria y carente de sentido se torna su representación en formas tales como los números".*** [8]

Esta es la razón que explica que Marx con pleno conocimiento de la matemática de su tiempo, con más de 1,000 pliegos en matemática, nunca pretendió aplicar la matemática a las Ciencias sociales particularmente a la Economía política. La aplicación de la matemática a las ciencias sólo es posible si se trata de formas inferiores o simples de la materia. Pero en el movimiento biológico o en el movimiento de los seres vivos ya es imposible; y menos en las relaciones sociales de los hombres.

He aquí, como lo transcribe Engels:

"Aplicación de la matemática: en la mecánica de los cuerpos sólidos, de un modo absoluto; en la de gases, de un modo aproximado; en la de los líquidos, ya más difícil; en física, de un modo más bien por tanteos y relativo; en química, simples ecuaciones de primer grado del carácter más simple; en biología = 0". [9]

---

(8) V.I. Lenin, **Cuadernos filosóficos (la dialéctica de Hegel)**; Colección R, N° 46; Ediciones Roca, S.A., primera edición, p. 40; México, D.F., 1974. (Negritas de JETA

(9) F. Engels, *Dialéctica de la naturaleza;* en **Obras Fundamentales de Marx y Engels,** Colección dirigida por Wenceslao Roces, Tomo 18 (F. Engels, Obras filosóficas), p. 490; Fondo de Cultura Económica, primera edición; México, D.F., 1986.

Un punto de vista similar lo encontramos en Francisco Miró Quesada.

*"Si analizamos la interpretación, completamente espontánea e ingenua que hacen los economistas neoclásicos de las fórmulas del equilibrio general —sostiene en sus reflexiones sobre la teoría económica—, nos encontramos con la situación siguiente. Las variables se sustituyen por constantes numéricas que denotan precios, cantidades de bienes, de servicios, de trabajo, etcétera. Pero ninguna constante individual se asocia con individuos reales que son los que se relacionan entre sí de manera que de esta relación resulten los precios, los bienes, el trabajo, etcétera. O sea, que no hay lugar para los agentes que, en último término, constituyen el universo de la estructura de interpretación (modelo). Los términos funcionales (funciones en sentido matemático usual) que se utilizan para elaborar las ecuaciones del equilibrio general, sólo se aplican a objetos que resultan de la acción de los seres humanos que integran el universo. Y estos objetos vienen a ser propiedades o relaciones como los precios y objetos concretos que no intervienen en la actividad económica sino que son resultado de ella. **Los individuos, sustento de todas las propiedades y relaciones y creadores de todos los objetos económicos, no forman parte del modelo. Pero esto hace imposible la constitución de un modelo adecuado, porque no tiene sentido incluir en el universo propiedades y relaciones (atributos) u objetos construidos, si no se incluyen los individuos que se relacionan, que tienen las propiedades y que construyen los objetos. […] En esencia, el elemento principal del universo de la estructura es siempre el individuo.** El universo puede tener, además de individuos, propiedades y relaciones, en cuyo caso la connotación deberá tener propiedades y relaciones de segundo orden o de órdenes más elevados. **Pero sin individuos el modelo no puede ni siquiera comenzarse***

a elaborar. Y son precisamente los individuos, los hombres reales de carne y hueso, sustrato último de toda actividad económica y social, los que no figuran en el modelo implícito de la teoría del equilibrio general [...] *Para que las ecuaciones señaladas puedan interpretarse de manera inequívoca y rigurosa es pues imprescindible incluir individuos en el universo de interpretación. Pero una vez hecho esto, las cosas se complican, pues una vez considerados los individuos surge el problema de reelaborar los términos funcionales para que puedan referirse a ello. Y cuando se hace esta reelaboración es seguro que ya las relaciones entre la acción de los individuos, los precios, los bienes y los servicios no pueden ser descritas por ecuaciones de equilibrio de tipo walras-paretiano. Esto parece explicar por qué las ecuaciones clásicas no tienen un claro sentido econométrico. No pueden tenerlo porque, debido a la carencia señalada, no pueden expresar las relaciones entre el comportamiento de los individuos reales y las consecuencias económicas reales".* [10]

Esta concepción de la Economía como relaciones entre cosas o entre cosas y el hombre constituye la primera insuficiencia básica de la escuela de la CEPAL, su verdadero talón de Aquiles, pues se pasa por alto la naturaleza de las clases sociales específicas del subdesarrollo, lo que he denominado la *oligarquía moderna* (la burguesía exportadora-importadora) antinacional y extranjerizante, y se atribuye el subdesarrollo a una simple relación entre *cosas,* entre el *progreso técnico* y la *distribución* de los incrementos de productividad que derivan de ese progreso técnico o cambio tecnológico. He ahí, el meollo de la cuestión.

---

(10) Francisco Miró Quesada, *Reflexiones sobre el concepto de teoría económica,* en Serie de Lecturas de El Trimestre económico, **Lectura N° 26, Metodología y crítica económica**; Selección de Camilo Dagum; Fondo de Cultura Económica, primera edición en español, p. 152; México, 1978. Negritas de JETA

Importa subrayar que en algunos autores de la CEPAL esta debilidad de su concepción encuentra pleno reconocimiento.

*"La principal limitación —subraya Octavio Rodríguez— se vincula al hecho de que al concentrar el análisis en la transformación de la estructura productiva **el pensamiento cepalino deja de lado (o sólo examina lateral y superficialmente) las relaciones entre las distintas clases y grupos sociales, que son los que en última instancia impulsan la transformación antedicha".*** [11]

*"Con mucha razón —reafirma el propio Prebisch en el Prólogo a la Teoría del subdesarrollo de la CEPAL— Octavio Rodríguez destaca en su libro las limitaciones de la teorías de la **CEPAL.** Son teorías estrictamente económicas, con alguna incursión circunstancial en otros campos. En la CEPAL, los sociólogos y los economistas hemos andado desencontrados por mucho tiempo, pensando con cierto recelo quién se atrevía a entrar en el cercado que correspondía al otro. Pues bien, yo he hecho un modesto ensayo en el cual me encuentro trabajando todavía. Estoy tratando, en suma, de interpretar el desarrollo periférico como un complejo fenómeno de carácter dinámico que abarca elementos técnicos, económicos, sociales, políticos y culturales. Todo esto desborda el ámbito de la teoría económica, con lo cual me expongo a la indiferencia de los economistas y a la inconformidad de los sociólogos [...]Como quiera que sea —agrega más adelante—, esta nueva aventura teórica mía —emprendida al dejar de lado responsabilidades ejecutivas- representa **otra fase en el desarrollo del pensamiento cepalino** y,*

---

(11) Octavio Rodríguez, *La teoría del subdesarrollo de la CEPAL. Síntesis y crítica;* en Serie de Lecturas de El Trimestre económico, Lectura N° 40, **El análisis estructural en economía: ensayos de América Latina y España;** Selección de José Molero; Fondo de Cultura Económica/Instituto de Cooperación Iberoamericana, primera edición, 1981 (España), primera edición, p. 63; 1982 (México).

como tal, no podrá sustraerse a nuestro concepto primigenio que se ha dado en llamar 'esquema centro-periferia' ".[12]

Lamentablemente, en su intento de renovar su pensamiento, es decir, en su versión neo-estructuralista su obra madura *El capitalismo perif*érico no representa, desde el punto de vista de la **especificidad** del capitalismo periférico, ningún avance sustantivo respecto a las contribuciones de sus tres primeras obras.

Es importante subrayar aquí, empero, que a pesar de los resabios que la teoría de la CEPAL no pudo superar de los neoclásicos, la crítica más profunda y contundente contra la escuela neoclásica proviene de la CEPAL, específicamente de Prebisch. Este es uno de sus grandes aportes y contribuciones. La independencia del pensamiento de la región, así como la libertad absoluta del pensamiento, tanta veces defendida y mantenida por Prebisch, son principios que cualquier pensador latinoamericano, no importa cuál sea su ideología, debe tributarle a la CEPAL.

2. *EL TRATO DEFICIENTE DEL LLAMADO "PERÍODO DE EXPANSIÓN O DESARROLLO HACIA AFUERA" COMO SEGUNDA INSUFICIENCIA DE SU CONCEPCIÓN*

La segunda insuficiencia de la teoría del subdesarrollo de la CEPAL consiste en el trato deficiente del llamado *período de expansión* o *desarrollo hacia afuera* en la historia del pensamiento de la CEPAL. Más aun, en el **cuadro-síntesis de los**

---

(12) Raúl Prebisch, *Prólogo* a la obra de Octavio Rodríguez, **La teoría del subdesarrollo de la CEPAL**, Siglo xxi editores, octava edición, p. x-xi; México, 1993.

elementos analíticos que componen el pensamiento de la CEPAL está ausente este período fundamental en la historia del subdesarrollo.

"Pueden identificarse —subraya Ricardo Bielschowsky— cinco etapas en la obra de la CEPAL, en torno a 'ideas-fuerza' o 'mensajes'. Por coincidencia, cada etapa duró aproximadamente un decenio. Como se verá más adelante, éstas siguen de cerca la evolución histórica de la región latinoamericana. a) Orígenes y años cincuenta: industrialización; b) años sesenta: 'reformas para desobstruir la industrialización'; c) años setenta: reorientación de los 'estilos' de desarrollo hacia la homogeneización social y hacia la diversificación pro exportadora; d) años ochenta: superación del problema del endeudamiento externo mediante el 'ajuste con crecimiento'; e) años noventa: transformación productiva con equidad". [13]

Como vemos, en el *cuadro síntesis de los elementos que componen el pensamiento de la CEPAL* está ausente el *período de expansión o desarrollo hacia afuera,* lo que trastoca completamente dicho cuadro, pues se elimina uno de los períodos más importante en la historia del fenómeno. En el proceso de evolución histórica del subdesarrollo se distinguen tres fases o períodos fundamentales: **1)** *el período, estilo o modelo de expansión o desarrollo hacia afuera,* que abarca desde la Revolución Industrial con el proceso de integración de la economía mundial y la nueva división internacional del trabajo, hasta el inicio del *proceso de sustitución de importaciones* que comienza con la Primera guerra mundial para los países más avanzados de la región, Argen-

---

(13) Ricardo Bielschowsky, *Cincuenta años del pensamiento de la CEPAL: una reseña;* en **Cincuenta años de pensamiento en la CEPAL (Textos seleccionados),volumen *I;*** Fondo de Cultura Económica/CEPAL, primera edición, p. 12; Chile, 1998

tina, Brasil y México, con la Gran depresión de 1929-30 para los países medianos, y con la Segunda guerra mundial para los países chicos, particularmente Centroamérica y el Caribe; **2)** *el período, estilo o modelo de expansión o desarrollo hacia adentro o de sustitución de importaciones* que se extiende hasta mediado de la década del setenta con el proceso de *desnacionalización de la burguesía industrial;* **3)** *el período de transnacionalización del mercado interno o desnacionalización de la burguesía industrial latinoamericana* hasta nuestros días.

Por supuesto que las cinco etapas de la obra de la CEPAL que no son más que las etapas de su pensamiento deben incluir, por tanto, las tres etapas o períodos de la historia del subdesarrollo, no sólo porque la CEPAL y específicamente Prebisch los incorpora, sino porque cada uno de estos períodos se condiciona recíprocamente y forman una unidad indisoluble. De ahí la contradicción en el *cuadro-síntesis de los elementos analíticos que componen el pensamiento de la CEPAL.* La eliminación del *período, estilo o modelo de expansión o desarrollo hacia afuera* interrumpe la historia de sus estructuras económicas, sociales y políticas y deforma la realidad del fenómeno, es decir, violenta la propia naturaleza del *método histórico-estructural.* Este período representa el más importante, desde el punto de vista de la formación de las clases sociales específicas del subdesarrollo, más de cien años de intensa lucha de clases en la historia de la región que se eliminan de un plumazo. Es como pretender construir los cimientos de la teoría del subdesarrollo comenzando por la mitad del edificio. Estas insuficiencias les han impedido a la CEPAL el conocimiento: **primero,** de las clases sociales específicas del subdesarrollo, es decir, de la *oligarquía moderna (de la burguesía importadora y la burguesía exportadora) antinacional y extranjerizante;* **segundo,** de la lucha de clase entre la oligarquía moderna y la *oligarquía tradicional* *(el gran latifundio),* entre los *liberales* y los *conservadores;* **tercero,** de la intensa lucha de clases entre la oligarquía moderna y la *manufactura del siglo XIX,* especialmente entre Buenos Aires y el Interior, o dicho de otra manera, del fracaso del ideario bolivariano; **cuarto,** de la *naturaleza* de los Estados que surgieron y se establecieron del proceso de independencia; **y, quinto**; de la repercusión de la nueva división internacional del trabajo que impuso la Revolución Industrial y del proceso de sustitución de importaciones.

3. *LA NEGACIÓN DEL CARÁCTER IDEOLÓGICO DEL PENSAMIENTO DE LA CEPAL COMO SU TERCERA GRAN INSUFICIENCIA*

La negación del carácter ideológico del pensamiento de la CEPAL constituye su tercera gran insuficiencia.

Para algunos autores de la CEPAL, el carácter ideológico de su pensamiento es una característica fundamental de la institución y tiene un marcado matiz en la región. Lo que me parece completamente justo y acertado.

*"A primera vista —subraya Octavio Rodríguez— los aportes de teoría económica de la CEPAL parecen destinados a delinear las peculiaridades del proceso espontáneo de industrialización de la periferia y de las transformaciones en la estructura productiva que lo acompañan, y los aportes de política económica, a plantear las políticas mediante las cuales es posible y deseable conducir ese proceso de forma deliberada. **Más allá de esta apariencia de neutralidad el proyecto que subyace en dicho pensamiento revela su carácter ideológico, al hacer visibles sus vínculos con los puntos de vista e intereses de determinados grupos y cla-***

ses sociales. El proyecto mencionado —así como el pensamiento en estudio, que lo contiene— otorga alta prioridad a los intereses de la burguesía industrial nacional y, por tanto, resulta compatible y convergente con los mismos. Posee además un cuño policlasista, pues pretende resguardar los intereses de las capas medias, de los sectores obreros y, en general, de los vastos grupos desposeídos, con base en la absorción económica y la integración social que supuestamente van logrando con la industrialización deliberada. Según todo indica, enfoca las relaciones sociales desde una óptica específica, coincidente a grandes rasgos con la de estamentos ligados al aparato del estado; propugna la ampliación de sus funciones y del grado de su intervención, y postula que es capaz de conciliar los intereses de los distintos grupos y clases y de privilegiar los de la nación en su conjunto. *Se dijo con anterioridad que el pensamiento cepalino no tiene en cuenta las relaciones sociales, o sólo las examina lateral y superficialmente. Ahora es posible afirmar, con mayor exactitud, que esa limitación está vinculada al carácter ideológico de dicho pensamiento, pues si no cubre las relaciones sociales, esto se debe a que implícitamente establece respecto a ellas supuestos de cuño ideológico.....Se concluye así que, si bien el pensamiento de la CEPAL altera significativamente los supuestos de la economía convencional, brindando una interpretación sui generis del subdesarrollo, no supera los marcos de dicha economía, a los cuales en definitiva se circunscribe.*

"El proyecto sociopolítico implícito en los aportes de la primera década —reitera nuevamente el autor— puede compararse con las ideologías populistas que tuvieron vigencia en diversos países latinoamericanos, en aquel decenio y en los dos precedentes. Tal comparación muestra que los puntos de vista del proyecto cepalino son similares a los de dichas ideologías, si bien éstas presentan los su-

yos de modo más explícito y extremo. Por ejemplo, ellas realzan la contraposición de los intereses nacionales con los del capital extranjero, y con los de los países desarrollados con los cuales tradicionalmente se mantuvieron estrechos lazos económicos; asimismo, reconocen y destacan la existencia de confrontación y conflicto entre los grupos sociales que componen las alianzas populistas —coincidentes a grandes rasgos con los grupos beneficiarios del proyecto cepalino— y los grupos opuestos a las mismas, vinculados al latifundio y a los intereses comerciales y financieros del viejo esquema primario exportador. No sólo el proyecto implícito, sino también el propio pensamiento de la CEPAL de los años cincuenta, resulta compatible y convergente con las ideologías mencionadas. En otras palabras, tanto éstas como aquél parecen formar parte de un mismo movimiento general de ideas, marcado por una clara tendencia progresista. Ambos propugnan realizar cambios económicos y sociales que si bien suponen el afianzamiento de los grupos más dinámicos de la clase capitalista, también pretenden la gradual absorción económica e integración social de los vastos grupos pertenecientes a las clases desposeídas. Se observa asimismo que en aquellos años los cambios propuestos presentan visos de viabilidad, pues con distintos matices y grados de éxito, según los casos, varias alianzas de poder de corte populista intentan llevarlos a la práctica". (14)*

El mismo punto de vista lo encontramos en Ricardo Bielschowsky y en Celso Furtado.

"Cabe destacar —señala Bielschowsky— que probablemente Brasil haya sido el país de la región en el cual las ideas fundacionales de la CEPAL tuvieron una más amplia aceptación [...] El concepto que predominó en todo el pe-

---

(14) Octavio Rodríguez, Ob. Cit. pp. 98-100. Negritas de JETA.

*ríodo fue el del desarrollismo, cuyos principales elementos son: la valoración de la industrialización como vía al desarrollo, y la importancia del papel del Estado en la planificación, financiamiento e inversión en aquellos sectores en los cuales la iniciativa privada sea insuficiente. Se señala que aunque el desarrollismo dejaría de ser el tema organizador del debate económico en los años sesenta, el Estado desarrollista se prolongaría bastante más en el tiempo [...] Para comprender esa evolución, se emplea como concepto clave el de **ciclo ideológico del desarrollismo**, según el cual el pensamiento desarrollista se originó entre los años treinta y el fin de la segunda guerra mundial, maduró en los diez años siguientes, vivió su fase de auge durante el gobierno del presidente Kubitschek (1956-1960), e hizo crisis en los primeros años del decenio de 1960..... `Lo más importante de la contribución teórica cepalina al debate brasileño fue el haber proporcionado a los economistas desarrollistas lo que se podría llamar un nuevo sistema analítico: la teoría del desarrollo periférico' ".* [15]

"En el Brasil de los años cuarenta y comienzos de los cincuenta —agrega, por otra parte Furtado—, el debate intentaba definir si se debía o no privilegiar la política de industrialización del país. Traducido en términos actuales: ¿cuál sería la mejor forma de promover el desarrollo? ¿Adoptar una política industrial o confiarle todo al mercado? Tanto en esa época como hoy en día, la respuesta a esa pregunta no es ajena a la definición de cuáles son las fuerzas sociales que orientan las decisiones económicas estratégicas. En los años a los que me refiero, las fuerzas sociales dominantes en Brasil estaban ligadas a los intereses rurales y a los del comercio exterior. Recuerdo que como técnico de

---

(15) Ricardo Bielschowsky, **Ideología y desarrollo: Brasil, 1930-1964;** en Revista de la CEPAL, N° 45, pp. 155-156; Santiago de Chile, diciembre de 1991. Negritas de JETA.

*la Cepal participé de una reunión de empresarios latinoamericanos que tuvo lugar en Santos, a fines de 1949. El tema central del debate fue el costo de la industrialización que vivieron los países de la región durante el conflicto mundial. La opinión predominante era que convenía retornar a la forma clásica de desarrollo, la cual se apoyaba en las ventajas comparativas del comercio internacional. Ésa era la buena doctrina aceptada universalmente. Durante mi intervención, me referí discretamente a la conveniencia de explorar las oportunidades de industrialización. En realidad, el modelo de una economía 'esencialmente agrícola' defendido por la clase dominante brasileña había comenzado a ser cuestionado desde los años treinta. Fui uno de los primeros que denunció el agrarismo como causa de nuestro atraso. Un país de la extensión y de la heterogeneidad de Brasil no podía depender de la agricultura extensiva para desarrollarse. Hoy en día eso parece elemental, pero medio siglo atrás era motivo de una acalorada polémica. La verdad es que más del 90% de las exportaciones brasileñas era de productos primarios agrícolas, y los intereses ligados al comercio exterior eran los que ocupaban las posiciones de mando en el país. No es que el país careciese totalmente de industrias. Ya existía entonces la matriz de un núcleo industrial cuya representación se circunscribía a ciertas áreas. Lo que no había era un sistema industrial capaz de autogenerar su dinamismo. **El ritmo de la actividad económica era dirigido desde el exterior y, por lo tanto, por las actividades primarias. El problema no se limitaba a que para crecer se dependía de la importación de tecnología y de equipos, sino que había que disponer de una clase dirigente que fuera capaz de formular un proyecto de transformación del país. El proyecto de modernización del país tendría que apoyarse en esas fuerzas. Cuando me convencí de que la naciente clase industrial podía asumir ese papel histórico, me puse**

a trabajar para forjar los instrumentos que ella necesitaba para desempeñarlo". [16]

Extrañamente, la posición de Raúl Prebisch sobre el carácter ideológico del pensamiento de la CEPAL no es coincidente con el punto de vista de estos autores; más aún, es completamente contrario.

*"No concuerdo con él, sin embargo —indica Raúl Prebisch en el **Prólogo** al libro de Octavio Rodríguez, La teoría del subdesarrollo de la CEPAL—, **cuando sostiene que en los primeros escritos de la cepal campea cierta ideología vinculada a los nuevos intereses que surgen con el desenvolvimiento de la industrialización. Digo 'los nuevos intereses', porque de nuestros escritos no se desprenden manifestaciones de aprobación al régimen prevaleciente de tenencia del suelo. No comparto esa suspicacia doctrinaria de nuestro amigo.** Es cierto que la industrialización la hacen los hombres y que ésta permite prosperar a muchos de ellos más de lo que les correspondería por su esfuerzo, debido a la abusiva protección que generalmente se les ha otorgado. Pero esto no significa que, al preconizar la industrialización, nuestro designio haya sido la prosperidad de aquéllos. La prosperidad ha venido por añadidura. Y si Octavio Rodríguez recuerda aquel trabajo de 1953, verá que allí se busca aumentar la acumulación y acelerar el ritmo de crecimiento a expensas de esa prosperidad francamente exagerada. **Por lo cual podría preguntarse:***

"¿Quién favorece en última instancia las ideas cepalinas? Admito que la respuesta no era absolutamente diáfana en sus tiempos. Creo que la mía de ahora lo es sin

---

(16) Celso Furtado, **En busca de un nuevo modelo (Reflexiones sobre la crisis contemporánea);** Fondo de Cultura Económica, primera edición en español; pp. 90-92 Buenos Aires, Argentina, 2003. Negritas de JETA.

lugar a dudas. Y que el sesgo ideológico es completamente diferente que el que supone el autor de este volumen. De todos modos, el carácter ideológico de mis escritos siempre ha sido y seguirá siendo discutible. Y hay que aceptar esta realidad que, por cierto, no deja de ofrecer ciertos estímulos. Pero es muy diferente el sesgo populista que también descubre Octavio Rodríguez. Esto sí me sorprende, pues entre los muchos epítetos con que se me ha señalado en mi larga existencia no recuerdo la voz populista. Tiene a veces el populismo una significación profunda. Es la expresión de sentimientos y aspiraciones humanas que desconocen generalmente los estratos favorecidos de la estructura social. El populismo, sin embargo, se caracteriza por halagar esos sentimientos y aspiraciones sin tratar de penetrar en el fondo de los graves problemas sociales. Nada más extraño al temperamento de Octavio Rodríguez, que tiene gran sensibilidad humana. Y que además cala muy hondo, en la realidad. ¡No podría ser consejero dilecto de un ideólogo populista!". [(17)]

Conviene subrayar que el carácter ideológico del pensamiento de la CEPAL no invalida, ni mucho menos, el carácter científico de sus posiciones, pues este último lo determinan los intereses de las clases específicas en cuestión. Así, por ejemplo, los intereses del proceso de industrialización que defiende la CEPAL y, por tanto, la burguesía nacional de los países subdesarrollados coinciden con los intereses del desarrollo de la sociedad. De allí su carácter revolucionario. Inversamente, los intereses que defienden los grandes terratenientes son contrarios a los intereses del desarrollo de la sociedad y en consecuencia su carácter reaccionario. La ideología de una clase social deja de ser científica cuando

---

(17) Raúl Prebisch, *Prólogo* a la obra de Octavio Rodríguez, **La teoría del subdesarrollo de la CEPAL**, Siglo xxi editores, octava edición, pp. xii-xiii; México, 1993. Negritas de JETA.

sus intereses como clase ya no corresponden a los intereses del desarrollo de la sociedad, es decir, cuando su ideología deja de ser revolucionaria para convertirse en reaccionaria.

4. *LA TEORÍA DE LA "DEPENDENCIA" COMO OTRA DE LAS DEBILIDADES DE LA CONCEPCIÓN DE LA CEPAL*

Entre las insuficiencias fundamentales de la teoría del subdesarrollo de la CEPAL especial atención merece, por la enorme contrariedad y su profunda repercusión teórica, la teoría de la dependencia, específicamente la versión de Fernando Henrique Cardoso y Enzo Faletto, *Dependencia y desarrollo en América Latina,* que resume y expresa el pensamiento de los autores que la suscriben.

Veamos, pues, el meollo de la cuestión.

*"Hacia mediados del decenio de 1960 —señala Cardoso—, tanto dentro como fuera de la cepal comenzó a desarrollarse otra línea de interpretación —más sociológica y política— que si bien no se incorporó de inmediato al pensamiento de la institución aparecería posteriormente en los textos de Vuskovic, Celso Furtado, Osvaldo Sunkel y otros. Esta línea pasó a conocerse como **la teoría de la dependencia".*[18]

En la medida en que las teorías sobre la industrialización preconizadas por la CEPAL no encontraron respuesta en la realidad latinoamericana el concepto dependencia, como se-

---

(18) Fernando Henrique Cardoso, **La originalidad de la copia: la CEPAL y la idea de desarrollo**, en Revista de la CEPAL, N° 4, p. 206; Segundo semestre de 1977.

ñala Theotonio Dos Santos, debía sustituir al concepto sub-desarrollo.[19]

"Cuando ese cuadro ya se delineaba en el horizonte, a mediados de los años sesenta —agrega Cardoso—, el llamado «enfoque de la dependencia» conquistó fuerza como una «contra teoría» o «contra ideología» que criticaba simultáneamente las formulaciones cepalinas y las de la izquierda tradicional. Esta última seguía viendo en la alianza «latifundio imperialismo» al gran enemigo del desarrollo.

"Las nociones de subdesarrollo y desarrollo —afirma finalmente Cardoso— conducen a una apreciación muy diferente, pues según ellas las economías desarrolladas tienen una conformación estructural distinta a la que caracteriza a las subdesarrolladas, ya que la estructura de estas últimas es, en grado significativo, una resultante de las relaciones que existieron históricamente y perduran actualmente entre ambos grupos de países. **La noción de dependencia (que, conviene repetir, fuera diseminada en Santiago por la crítica sociológica) aparece ya incorporada al enfoque, aunque en una versión más próxima a la oposición entre país dominante y país dominado".**[20]

---

(19) Theotonio Dos Santos, **Imperialimo y dependencia,** Ediciones ERA, 1a. ed.; p. 300, México, 1978. Esta posición ya la había expresado Dos Santos en su trabajo *La crisis de la teoría del desarrollo y las relaciones de dependencia en América Latina,* que aparece en **La dependencia político-económica de América Latina;** Siglo XXI, 2a. ed., p.17; México, 1970.

(20) Fernando Henrique Cardoso, *El desarrollo en capilla (Este texto fue escrito en 1979 para el ILET de México);* en Serie de Lecturas de El Trimestre económico, Lectura N° 40, **El análisis estructural en economía: ensayos de América Latina y España;** Selección de José Molero; Fondo de Cultura Económica/ Instituto de Cooperación Iberoamericana, primera edición, pp. 38,33-34; 1981 (España), primera edición, 1982 (México). Negritas de JETA.

Esta **teoría de la dependencia,** y muy a pesar de lo que sostiene Octavio Rodríguez [21], tampoco incorporó, a pesar de sus buenas intenciones, el análisis de clase al estudio de la dependencia.

"Más que nada —subraya Villamil— este nuevo enfoque sobre los problemas del desarrollo condujo hacia un hincapié mayor en el estudio de los cambios en el sistema económico mundial. En particular se le da mayor importancia a la creciente hegemonía de las empresas transnacionales y las implicaciones de esta situación". [22]

---

(21) "En paralelo al tipo de análisis de fuerte arraigo económico [...].identificable como *enfoque CEPAL-Prebisch* existen otros de base definidamente sociológica, en los que se inscriben las contribuciones de Medina Echavarría, de clara raíz weberiana [...] En **más de un sentido, la** versión del *enfoque de la dependencia* debida a Cardoso y Faletto resulta complementaria de las dos recién mencionadas. Y ello en tanto esa versión encara los procesos de desarrollo de la región desde el ángulo de las estructuras políticas. A través de la revisión de múltiples experiencias históricas, sus autores brindan sustento a la hipótesis de que la conformación de una hegemonía política, así como de las bases del poder político que definen su fisonomía —las cuales, en condiciones de dependencia propias de la periferia, combinan grupos e intereses nacionales y foráneos— abren distintas opciones de transformación, tanto en el propio ámbito político, como en los ámbitos social y económico que están en su base. (Octavio Rodríguez, **El estructuralismo latinoamericano,** Siglo XXI/CEPAL, primera edición; p. 17; México, 2006).

(22) J.J. Villamil, *Introducción,* en Serie de Lecturas del El Trimestre económico, **Lectura *N° 37,* Capitalismo transnacional y desarrollo nacional,** José J. Villamil (compilador); Fondo de Cultura Económica primera edición en español, corregida y aumentada, p. 11; México, 1981. Villamil se refiere aquí al artículo de Sunkel, *Capitalismo transnacional y desintegración nacional en la América Latina,* **Estudios internacionales**, núm. 4, enero-marzo de 1971. **"El enfoque de la dependencia –sostiene Villamil- no es una teoría; al contrario y como ha señalado Fagen se trata más bien de un "marco conceptual, de un conjunto de conceptos, ...de una óptica que pretende ubicar y aclarar una amplia gama de problemas".** (R. Fagen, *Studying Latin American Politics: Some Implications teof a Dependencia Approach,* **Latin American Research Review**, Vol. XII, núm. 2; citado por Ibíd.) "Es una manera de enmarcar los problemas del desarrollo poniendo hincapié en el estudio del sistema capitalista global y de las relaciones entre los países del centro y de la periferia de éste. Parte del supuesto

Sin embargo, esta **teoría de la dependencia** que encabeza Cardoso y Faletto trastoca profundamente los cimientos de la concepción del subdesarrollo de Prebisch-CEPAL.

*"Hemos presentado —señala Prebisch— nuestro concepto de las relaciones de dependencia para prevenir confusiones que no son infrecuentes. **Atribuyese así el llamado subdesarrollo a la dependencia. Es confundir dependencia y subdesarrollo.** En la periferia se presentan a la vez los fenómenos de dependencia y las tendencias excluyentes y conflictivas que caracterizan al subdesarrollo. Como se dijo en otro lugar, si desaparecieran los primeros por arte de encantamiento, subsistirían aquellas tendencias. Por el contrario, si la dinámica del capitalismo fuera como suele imaginársela y las transnacionales invirtieran y reinvirtieran indefinidamente en la periferia, se acentuaría la capacidad absorbente del sistema y se eliminaría progresivamente el subdesarrollo. Por donde se llegaría a esta conclusión paradójica: ¡cuanto mayor fuera la dependencia, tanto mayor sería la eficacia social del sistema! Pero el sistema no funciona así. Y las transnacionales no persiguen el designio de conseguir esa eficacia social sino de recoger tarde o temprano la cosecha de sus inversiones. Decíamos hace un momento que se atribuye a la dependencia, como quiera que se la interprete, la responsabilidad del subdesarrollo. Traducido esto a nuestro lenguaje, significa que la pobreza de las grandes masas excluidas del desarrollo habría sido creada por la acción de los centros. Nada se gana en el campo de la*

---

de que la historia de los países de la periferia y la de los países del centro no son historias paralelas, sino que más bien son la misma historia. El desarrollo de la América Latina en el siglo actual está relacionado con su evolución histórica, con su pasado colonial y con el desarrollo del capitalismo en sus distintas fases. El subdesarrollo comienza a entenderse como una condición que no surge única ni primordialmente de deficiencias nacionales inherentes a las sociedades subdesarrolladas, sino más bien de la forma como estos países se han incorporado al sistema capitalista mundial". (Ibíd. p. 11). Negritas de JETA.

teoría, como así tampoco en el de la praxis, con este género de afirmaciones, lo cual no significa negarles eficacia en el adoctrinamiento político". [23]

A partir de lo que hemos expuesto no es difícil revelar las profundas contradicciones entre la teoría de la dependencia y la concepción del subdesarrollo Prebisch-CEPAL sino además, las contradicciones al interior de la propia teoría de la dependencia.

Todos los estudiosos latinoamericanos, marxistas o no marxistas, parten de una premisa fundamental: "el subdesarrollo no es un estadio atrasado y anterior al capitalismo sino una consecuencia de él y una forma particular de su desarrollo". En este punto no hay en la región ningún desacuerdo. Las divergencias comienzan cuando se trata de definir a qué fase del capitalismo corresponde el subdesarrollo.

No pocos estudiosos de la *teoría de la dependencia* creen descubrir en el siglo XVI los orígenes del subdesarrollo.

"El período colonial —sostienen, por ejemplo, Silva Michelena y Heinz Rudolf— es el período del surgimiento del subdesarrollo y de su pendencia estructural [...] Puede verse aún a esta altura que las raíces del subdesarrollo no son simplemente las raíces del atraso. El simple atraso —agregan— existió hasta el siglo XV, antes de la expansión europea; antes de esta época no había subdesarrollo, que es un producto del capitalismo". [24] *"Una vez introducidas en América Latina las contradicciones capitalistas de la po-*

---

(23) Raúl Prebisch, **Capitalismo periférico. Crisis y transformación,** Fondo de Cultura Económica, primera edición, pp. 206-207; México, D. F., 1981.) Negritas del JETA.

(24) Héctor Silva Michelena y Heinz Rudolf Sanntag, **Universidad, dependencia y revolución;** Siglo XXI; 3ª. Ed.; p. 79; México, 1973.

larización y de la expropiación-apropiación del superávit en los niveles internacional interno —apunta en la misma dirección Frank—, sus consecuencias necesarias, a saber: un desarrollo limitado o subdesarrollo en las metrópolis del continente y el desarrollo del subdesarrollo estructural, lejos de demorar su aparición varios siglos, hasta después de la Revolución Industrial en Inglaterra como se sugiere tantas veces, comenzó a generar y emerger en forma inmediata. [...] América Latina —continúa— comenzó su vida y su historia posterior a la conquista como parte integral y explotada del desarrollo capitalista mundial; y esta es la razón de que aún, hoy día, siga siendo subdesarrollada".[25] [...]"A diferencia de la mayor parte de las sociedades independientes dentro del capitalismo actual —señala en la misma línea Aníbal Quijano—, las formaciones histórico-sociales que dieron origen a las actuales sociedades nacionales de la región, se constituyeron como tales ab initio, como parte del proceso de formación y desarrollo del sistema capitalista de dependencia, en su período colonialista [...] La dependencia colonialista dio paso a la dependencia imperialista. La primera dio origen a las formaciones históricas de capitalismo colonial latinoamericano; la segunda, a su constitución como sociedades nacionales dependientes dentro del sistema capitalista industrial".[26] "En todo caso —agregan Cardoso y Faletto— la situación de subdesarrollo se produjo históricamente cuando la expansión del capitalismo comercial y luego el capitalismo industrial vinculó a un mismo mercado economías que, además de presentar grados diversos de diferenciación del sistema productivo, pasaron

---

(25) Andre Gunder Frank, *Chile: el desarrollo del subdesarrollo*, en **Monthly Review —Selecciones en Castellano-** número doble; pp. 31, 34; enero-febrero; 1968.

(26) Aníbal Quijano, *Dependencia y cambio social*, en **América Latina: dependencia y subdesarrollo;** EDUCA, 1ª ed., pp. 108-109; Centroamérica, 1973.

a ocupar posiciones distintas en la estructura global del sistema capitalista"[27].

Este planteamiento nos parece completamente erróneo. Como producto del capitalismo, el subdesarrollo no pudo surgir en una época (la acumulación primitiva) en la que el capital no había conquistado el mercado interno, menos aún, el mercado mundial. La integración de la economía mundial y la aparición del subdesarrollo corresponden a una fase superior de la evolución del capitalismo, al período de la Revolución Industrial y la gran industria maquinizada. La historia posterior a la conquista (la fase del capitalismo comercial) no pudo, por tanto, iniciar el proceso de integración de América Latina al desarrollo capitalista mundial, pues en aquella época el capital existía primordialmente bajo la forma embrionaria del capital comercial-usurero y como tal no había despojado al feudalismo de la esfera de la producción.

En este punto coincidimos con la CEPAL y los autores que de una u otra manera están vinculados a esta escuela (Sunkel, Furtado, etc.). Sin embargo, hay algunos dependientes que ubican el origen del subdesarrollo en la Revolución Industrial. Es el caso de Octavio Ianni y Ruy Mauro Marini.

"En la perspectiva económica, la dependencia estructural —indica Ianni— es producto y condición de la internacionalización del proceso productivo. Nace con la 'división internacional del trabajo' generalizada por la expansión del capitalismo industrial"[28]. *"Es a partir de ese momento*

---

(27) Fernando Henrique Cardoso y Enzo Faletto, **Dependencia y desarrollo en América Latina (ensayo de interpretación sociológica);** Siglo XXI, 6a. ed., p. 23; México, 1972.

(28) Octavio Ianni, *La dependencia estructural,* en **América Latina: dependencia y subdesarrollo;** EDUCA, 1ª ed., p. 118; Centroamérica, 1973.

—reafirma Marini— que las relaciones de América Latina con los centros capitalistas europeos se insertan en una estructura definida: la división internacional del trabajo, que determinará el curso del desarrollo ulterior de la región. En otros términos, es a partir de entonces que se configura la dependencia, entendida como una relación de subordinación entre naciones formalmente independientes, en cuyo marco las relaciones de producción de las naciones subordinadas son modificadas o recreadas para asegurar la reproducción ampliada de la dependencia"[29].

Como vemos, en el punto medular del **origen de la dependencia** (subdesarrollo), no existe acuerdo entre los autores de la llamada *teoría de la dependencia*.

A nuestro juicio, la posición que representan Silva Michelena, Rudolf Sanntag, Andre Gunder Frank, Aníbal Quijano, Cardoso y Faletto y otros, no representa ningún avance respecto a lo que ya Prebisch-CEPAL habían planteado, es decir, a la tesis de la **Revolución Industrial como punto de partida del subdesarrollo.** Contrariamente significa un retroceso.

Esta no es, por otra parte, la única debilidad de la teoría de la dependencia. La mayoría de sus representantes consideran que **la teoría de la dependencia es inseparable de la teoría del imperialismo.**

"Los conceptos imperialismo-dependencia —afirma Ianni— por ejemplo— son conceptos complementarios (pares) gemelos, recíprocamente necesarios y determinados. Uno produce al otro; y los dos se producen y reproducen uno en el otro. Ellos corresponden a dos polos complementarios, diversos,

---

(29) Ruy Mauro Marini, **Dialéctica de la dependencia**; Ediciones ERA; 3a. ed., p. 18; México, 1977.

antagónicos y dialécticos del sistema capitalista considerado como un todo "[30]. "En otros términos —añade en otro lugar—, la dependencia estructural revela, en detalle, la forma por la cual el imperialismo se inserta y se difunde en el interior de la sociedad subordinada; o cómo se da la interiorización de las relaciones imperialistas, por la sociedad dependiente "[31].

La misma opinión la encontramos en Cardoso. En su controversia con Weffort[32] sobre el problema de la dependencia, Cardoso subraya:

"No estoy de acuerdo con la manera simplista como Weffort resuelve la confrontación entre la teoría de la dependencia y la teoría del imperialismo. No existe una teoría de la dependencia independientemente de la teoría del imperialismo. La confrontación es artificiosa "[33] [...]*"Se hace imprescindible —anota Dos Santos, por otra parte—, en el actual estado del debate, ligar el estudio de la dependencia al del imperialismo y de la economí*a internacional que genera»[34].

Esta posición tampoco nos parece acertada.

Los conceptos imperialismo-dependencia no son, como afirman estos autores, conceptos complementarios, recípro-

---

(30) Octavio Ianni, Ob. cit., p. 141.

(31) Octavio Ianni, **Imperialismo y cultura de la violencia en América Latina**; Siglo XXI, 2a. ed., p. 12, México, 1971.

(32) Véase los trabajos de Francisco C. Weffort, *Notas sobre la teoría de la dependencia ¿Teoría de clase o ideología nacional?*; y Fernando Henrique Cardoso, ¿Teoría de la dependencia o análisis concreto de situaciones de dependencia?; publicados bajo el título, *Dos opiniones sobre el problema de la dependencia*, en la revista **Comercio Exterior**; abril de 1972.

(33) Ibíd., p. 363.

(34) Theotonio Dos Santos, Ob. cit., p. 366.

camente necesarios y determinados. Si bien es cierto que entre el subdesarrollo (dependencia) y el imperialismo existe una relación, no es menos cierto que esta relación jamás se expresa como un vínculo orgánico. Estos fenómenos nacen y se desarrollan independientemente uno del otro. Ya hemos visto que el subdesarrollo surge como consecuencia de la nueva división internacional del trabajo que implanta la Revolución Industrial al integrarse la economía mundial. Su desarrollo corresponde, por tanto, al siglo XIX. Inversamente, el imperialismo es un fenómeno de finales del siglo XIX y principios del siglo XX y su aparición no guarda ninguna relación directa, interna o necesaria con el subdesarrollo (dependencia). Es evidente, por tanto, que aquellos fenómenos (subdesarrollo —dependencia— e imperialismo) y los conceptos en los cuales se expresan, no son recíprocamente necesarios y determinados, uno no produce por tanto al otro.

Pues bien, estos errores notables conducen inevitablemente a sus autores, y por ende, a toda la teoría de la dependencia, a contradicciones profundas, insalvables e insolubles.

No se puede sostener como lo hace Octavio Ianni que… "la **dependencia estructural** es producto y condición de la internacionalización del proceso productivo. **Nace con la 'división internacional del trabajo' generalizada por la expansión del capitalismo industrial**"; para luego afirmar que…" **los conceptos imperialismo-dependencia son conceptos complementarios (pares) gemelos, recíprocamente necesarios y determinados. Uno produce al otro; y los dos se producen y reproducen uno en el otro**"; o como lo hace Fernando H. Cardoso cuando subraya que **"no existe una teoría de la dependencia independientemente de la teoría del imperialismo. La confrontación es artificiosa"**; para luego afirmar con Enzo Faletto que…**"la situación de subdesarrollo se produjo históricamente cuando la ex-**

pansión del capitalismo comercial y luego del capitalismo industrial vinculó a un mismo mercado economías que, además de presentar grados diversos de diferenciación del sistema productivo, pasaron a ocupar posiciones distintas en la estructura global del sistema capitalista", o que **"la dependencia compatible con la formación de productores nacionales, es por tanto, anterior al desarrollo del imperialismo monopolista exportador de capitales"**.[35]

Como vemos, las contradicciones son evidentes.

Las contradicciones que surgen de los errores notables de la llamada *teoría de la dependencia* conducen inevitablemente al desmoronamiento de los cimientos que le sirven de fundamento. De allí, la esterilidad de la teoría para dar sus frutos y la justificación de los reproches de Gérard Pierre.

"A partir (del) planteamiento teórico general referente al modo determinado de relaciones estructurales propias de la dependencia —señala este autor—, era de esperar que se llegase al estudio concreto de esas relaciones estructurales. Sin embargo, ese nivel de concreción es en el mejor de los casos deficiente en el trato teórico y el análisis de la dependencia de la mayoría de los estudiosos. Bien es cierto que a ese punto 'los dependientes' se dedican a la descripción de las estructuras. [...] Sin embargo, más que señalamientos y descripciones es preciso llegar al medio de la dinámica de esas sociedades y su articulación al centro"[36].

---

(35) Fernando Henrique Cardoso, ¿Teoría de la dependencia o análisis concreto de situaciones de dependencia?, en Ob. Cit., pp. 364-365. Negritas de JETA.

(36) Gérard Pierre Charles, *Teoría de la dependencia, teoría del imperialismo y conocimiento de la realidad social latinoamericana*, en **Economía Política**, publicación del Instituto de Investigaciones Económicas y Sociales de la Universidad Nacional Autónoma de Honduras, No. 12, p. 73, mayo-octubre de 1976.

El intento frustrado de Marini que propuso una ambiciosa teoría para explicar la "dialéctica de la dependencia" por la necesaria superexplotación del trabajo en la periferia (fuente para él, del intercambio desigual), fue derribado por las críticas de Serra y Cardoso[37].

Planteadas las cosas de esa manera, resulta pretencioso afirmar que... "la teoría de la dependencia debe entenderse como la aplicación creadora del marxismo-leninismo a la comprensión de las especificidades que asumen las leyes de movimiento del modo de producción capitalista en países como los latinoamericanos "[38].

5. LA DIALÉCTICA COMO EL MÉTODO ADECUADO PARA EL TRATAMIENTO DE LA CONCEPCIÓN DE LA CEPAL

Nos toca, finalmente, definir con qué método hemos de tratar la teoría del subdesarrollo, particularmente la teoría de la escuela de la CEPAL-Prebisch, que sin lugar a dudas, es la más avanzada de las escuelas de subdesarrollo existente hasta hoy.

Ya hemos dicho que el subdesarrollo como *fenómeno histórico* y la *categoría* que lo designa son dos cosas completamente distintas. El subdesarrollo como ***fenómeno histórico-natural sujeto a leyes objetivas que no dependen de la voluntad de los hombres***, surge con la Revolución In-

---

(37) Véase José Serra y Fernando H. Cardoso, *Las desventuras de la dialéctica*, y, Ruy Mauro Marini, *Las razones del neodesarrollismo* (Respuesta a F. H. Cardoso y J. Serra), en **Revista mexicana de sociología,** número extraordinario; enero, 1978.

(38) Vania Bambirra, **Teoría de la dependencia: una anticrítica**; Ediciones ERA, 1ª ed., p. 26; México, 1976.

dustrial en tanto que su categoría aparece después de la Segunda Guerra Mundial. Las categorías o los conceptos sólo aparecen cuando los fenómenos que se expresan en ellos han madurado lo suficiente para parirlos. El subdesarrollo, por tanto, alcanza su plena madurez después de la Segunda Guerra Mundial, es en ese período donde el **fenómeno completa todas las fases de su formación histórica**, donde se presenta como una *totalidad concreta*, como *unidad de lo diverso, síntesis de muchas determinaciones*. La *categoría subdesarrollo*, es la forma, como el pensamiento se apropia de esta nueva realidad histórica y se prepara para estudiarlo. Se explica por ello que sea éste el punto de partida de la investigación. De allí la certeza de la afirmación de Marx.

"Lo concreto es concreto, porque es la síntesis de muchas determinaciones, es decir unidad de lo diverso. Por eso lo concreto aparece en el pensamiento como el proceso de la síntesis, como resultado, no como punto de partida, aunque sea el verdadero punto de partida y, por consiguiente, el punto de partida también de la percepción y de la representación".[(39)]

Conviene destacar aquí el carácter materialista de la dialéctica de Marx.

"Mi método dialéctico no sólo es en su base distinto del método de Hegel, sino que es directamente su reverso. Para Hegel, el proceso del pensamiento, al que él convierte incluso, bajo el nombre de idea, en sujeto con vida propia, es el demiurgo (creador) de lo real, y lo real su simple forma exterior. Para mí, por el contrario, lo ideal no es más que lo material transpuesto y traducido en la cabeza del hombre [...] **La mistificación sufrida por la dialéctica en las manos de Hegel** —*su*braya más adelante— **no quita nada al hecho de que él haya**

---

(39) Carlos Marx, **Contribución a la crítica de la economía política,** Ediciones de Cultura popular, S.A. 6ª ed., p. 258-259; México D.F. 1974.

sido el primero en exponer, en toda su amplitud y con toda conciencia las formas generales de su movimiento. En Hegel la dialéctica anda cabeza abajo. Es preciso ponerla sobre sus pies para descubrir el grano racional encubierto bajo la corteza mística".[40]

"Aun después de descubierto el método[*] *—subraya Engels, por otro lado—, y de acuerdo con él, la crítica de la Economía política podía acometerse de dos modos:* el **histórico o el lógico**. *Como en la historia, al igual que en su reflejo literario, las cosas se desarrollan también, a grandes rasgos, desde lo más simple hasta lo más complejo, el desarrollo histórico de la literatura sobre Economía política brindaba un hilo natural de engarce para la crítica, pues, en términos generales, las categorías económicas aparecerían aquí por el mismo orden que en su desarrollo lógico* [...] **La historia se desarrolla con frecuencia a saltos y en zigzags**, *y habría que seguirla así en toda su trayectoria, con lo cual no sólo se recogerían muchos materiales de escasa importancia, sino que habría que romper muchas veces la ilación lógica* [...] **Por tanto, el único método indicado era el lógico. Pero éste no es, en realidad, más que el método histórico, despojado únicamente de su forma histórica y de las**

---

(40) C.Marx, *De las palabras finales a la segunda edición alemana del primer tomo de El CAPITAL*, en **Obras escogidas en dos tomos** de C. Marx y F. Engels; Editorial Progreso, Tomo I; p. 434; Moscú, 1955. Negritas de JETA.

(*) Se refiere a la dialéctica. "La dialéctica no es otra cosa que la ciencia de las leyes generales del movimiento y del desarrollo en los campos de la naturaleza, de la sociedad humana y del pensamiento". (F. Engels, *La subversión de la ciencia por el señor Eugen Dühring ("Anti- Dühring")*, en **Obras fundamentales de Carlos Marx y Federico Engels**; Fondo de Cultura Económica, Primera edición; volumen 18; p. 123; México, 1986. "El hecho de que nuestro pensamiento subjetivo y el mundo objetivo se rigen por las mismas leyes, razón por la cual no pueden llegar, en última instancia, a resultados contradictorios entre sí, sino que estos resultados tienen que ser coincidentes, domina absolutamente todo nuestro pensar teórico. Constituye la premisa inconsciente e incondicional de éste". (Ibid., p. 486).

***contingencias perturbadoras. Allí donde comienza esta histo-
ria debe comenzar también el proceso discursivo, y el desarrollo ulterior de éste no será más que la imagen refleja, en forma
abstracta y teóricamente consecuente, de la trayectoria histórica; una imagen refleja corregida, pero corregida con arreglo a
las leyes que brinda la propia trayectoria histórica; y así, cada
factor puede estudiarse en el punto de desarrollo de su plena madurez, en su forma clásica. Con este método, partimos
siempre de la relación primera y más simple que existe históricamente, de hecho; por tanto, aquí, de la primera relación
económica con que nos encontramos***[**]. *Luego, procedemos a
analizarla. Ya en el sólo hecho de tratarse de una 'relación', va
implícito que tiene dos lados que 'se relacionan entre sí'. Cada
uno de estos dos lados se estudia separadamente, de donde
luego se desprende su relación recíproca y su interacción. Nos
encontramos con contradicciones, que reclaman una solución.
Pero como aquí no seguimos un proceso discursivo abstracto,
que se desarrolla exclusivamente en nuestras cabezas, sino una
sucesión real de hechos, ocurridos real y efectivamente en algún
tiempo o que siguen ocurriendo todavía, estas contradicciones
se habrán planteado también en la práctica y en ella habrán encontrado también, probablemente, su solución. Y si estudiamos
el carácter de esta solución veremos que se logra creando una
nueva relación, cuyos dos lados contrapuestos tendremos que
desarrollar ahora, y así sucesivamente".*[41]

** En el caso de la teoría del subdesarrollo, del *"sistema centro-periferia"*, para
decirlo con Prebisch, que surge de la nueva división internacional del trabajo que
implanta la Revolución Industrial al producirse el proceso de integración de la
economía mundial. "El desarrollo y el subdesarrollo pueden comprenderse, entonces —subraya Sunkel—, como estructuras parciales, pero interdependientes
que conforman un sistema único". Osvaldo Sunkel, **El Subdesarrollo latinoamericano y la teoría del desarrollo**, Siglo XXI Editores, S.A., primera edición,
p. 37; México, 1970.

(41) F. Engels, *La Contribución a la crítica de la Economía política, de Carlos
Marx*; **Obras escogidas**; Editorial Progreso, Tomo I; pp. 351-352; Moscú, 1955.
Negritas de JETA.

"La dialéctica hegeliana, o sea, la doctrina más multilateral, más rica en contenido y más profunda del desarrollo —señala Lenin— era para Marx y Engels la mayor conquista de la filosofía clásica alemana. Toda otra formulación del principio del desarrollo, de la evolución, les parecía unilateral y pobre, deformadora y mutiladora de la verdadera marcha del desarrollo en la naturaleza y en la sociedad....Es un desarrollo que, al parecer, repite etapas ya recorridas, pero de otro modo, sobre una base más alta ("negación de la negación"), un desarrollo, por decirlo así, en espiral y no en línea recta; un desarrollo que se opera en forma de saltos, a través de cataclismos y revoluciones, que significan "interrupciones de la gradualidad"; un desarrollo que es trasformación de la cantidad en calidad, impulsos internos de desarrollo originados por la contradicción, por el choque de las diversas fuerzas y tendencias, que actúan sobre determinado cuerpo, o dentro de los límites de un fenómeno dado o en el seno de una sociedad dada; interdependencia íntima e indisoluble concatenación de todos los aspectos de cada fenómeno (con la particularidad de que la historia pone constantemente al descubierto nuevos aspectos), concatenación que ofrece un proceso de movimiento único, universal y sujeto a leyes; tales son algunos rasgos de la dialéctica, teoría mucho más empapada de contenido que la (habitual) doctrina de la evolución"[...] 'Marx y yo fuimos casi los únicos que nos planteamos la tarea de «salvar» del descalabro del idealismo, incluido el hegelianismo la dialéctica consciente para traerla a la concepción materialista de la naturaleza'. La naturaleza es la confirmación de la dialéctica, y debemos agradecer a las modernas ciencias naturales el que nos hayan brindado un

acervo de datos extraordinariamente copiosos [¡y esto fue escrito antes de que se descubriera el radio, los electrones, la trasformación de los elementos, etc.!] y enriquecido cada día que pasa, demostrando con ello que la naturaleza se mueve, en última instancia, por los cauces dialécticos y no sobre los carriles metafísicos ".[42]

" 'Para la filosofía dialéctica —escribe Engels— no existe nada establecido de una vez para siempre, nada absoluto, consagrado; en todo ve lo que hay de perecedero, y no deja en pie más que el proceso ininterrumpido del aparecer y desaparecer, del infinito movimiento ascensional de lo inferior a lo superior. Y esta misma filosofía es un mero reflejo de ese proceso en el cerebro pensante'. Así, pues, la dialéctica es, según Marx, 'la ciencia de las leyes generales del movimiento, tanto del mundo exterior como del pensamiento humano'. Este aspecto revolucionario de la filosofía hegeliana es el que Marx recoge y desarrolla.....De la filosofía anterior queda en pie 'la teoría del pensamiento y sus leyes, es decir, la lógica formal y la dialéctica'. Y la dialéctica, tal como la concibe Marx, y también según Hegel, abarca lo que hoy se llama teoría del conocimiento o gnoseología"[...][43].

De lo que se trata, por tanto, es de reproducir en la lógica del pensamiento la historia del fenómeno tal y como esta ocurrió, de manera que cada parte ocupa únicamente el lugar y sólo el lugar que le corresponde en la totalidad. Sólo así

---

(42) V.I. Lenin, *Carlos Marx (Breve esbozo biográfico con una exposición del marxismo)* en **Obras completas**, Editorial Cartago, Tomo XXI; p. 47,49,48; Buenos Aires, 1957.

(43) V.I. Lenin, Ob. Cit., p. 48.

ascenderemos de lo simple a lo complejo, de lo inferior a lo superior, de lo abstracto a lo concreto, sobre la base de la unidad de la dialéctica, la lógica y la teoría del conocimiento.

Argentina es el hogar clásico del subdesarrollo. Es aquí donde el fenómeno alcanza el punto de desarrollo de su plena madurez. No es posible, por tanto, una teoría del subdesarrollo sin tomar de este país los principales hechos que sirven de base a la investigación*, pues para mi punto de vista, que enfoca el subdesarrollo como un proceso histórico-natural, lo que importa no es una tipología completa de países subdesarrollados de la región como creía Sunkel**, sino las **tendencias,** las **leyes mismas** que actúan y se im-

---

* "Fundamentalmente —apunta Octavio Rodríguez—, los orígenes de la concepción del sistema centro-periferia se encuentran en trabajos de Raúl Prebisch previos a esa fecha (1949). Entre 1932 y 1943 dichos trabajos están relacionados con su participación en el manejo de la economía argentina y, por ende, con esa experiencia específica. En los de la posguerra se percibe con claridad el intento de comparar la experiencia argentina con las de otras economías latinoamericanas o subdesarrolladas, y de llegar así a generalizaciones sobre algunas tendencias y problemas que parecen serles comunes". (Octavio Rodríguez, **La teoría del subdesarrollo de la CEPAL**; Siglo XXI, 8° ed.; p. 19; México, D. F., 1993). "Mi ingreso en la Comisión Económica para América Latina de las Naciones Unidas, en 1949 —subraya Prebisch afirmando lo anterior—, ocurrió cuando mis ideas estaban llegando ya a la madurez, de modo que pude cristalizarlas en varios estudios publicados a principios de los años cincuenta, donde traté de presentar un diagnóstico de los problemas y de las sugestiones de políticas que servirían como opciones de las propuestas por la escuela ortodoxa. Gracias al horizonte más amplio que permitían mis nuevas responsabilidades, estos estudios no se aplicaban sólo a la Argentina sino al conjunto de la América Latina". (Raúl Prebisch, *Cinco etapas de mi pensamiento sobre el desarrollo (ensayo presentado en un seminario del Banco Mundial)*, en CEPAL, **Raúl Prebisch: un aporte al estudio de su pensamiento,** LC/G.1461, p. 14; Santiago de Chile, marzo de 1987. Publicación de las Naciones Unidas, N° de venta S.87.II.G.6.

** El período del modelo de crecimiento hacia afuera —indica Sunkel refiriéndose a algunas de las principales insuficiencias de su libro *El subdesarrollo latinoamericano y la teoría del desarrollo*— fue estudiado país por país y no sólo en sus aspectos económicos, sino también —aunque con menos profundidad— en los sociales y políticos. Un análisis similar para el período posterior implicaba examinar las diferencias específicas de los procesos de industrialización o de

ponen como una necesidad inevitable. El país subdesarrollado más desarrollado, en este caso Argentina, que ya había recorrido todas las fases de su formación histórica después de la Segunda Guerra Mundial, no hacía más que mostrar al menos subdesarrollado el espejo de su propio porvenir.

---

sustitución de importaciones en cada uno de los países del área, lo que hubiera permitido continuar con la tipología. (Osvaldo Sunkel, Ob. Cit., p. 10).

III. LA LENTA PROPAGACIÓN DEL PROGRESO TÉCNICO EN LA PERIFERIA COMO PUNTO DE PARTIDA Y PRINCIPAL DEBILIDAD DE LA CONCEPCIÓN DEL SUBDESARROLLO DE LA CEPAL

1. EL EJE CENTRAL DE LA TEORÍA DEL SUBDESARROLLO PREBISCH-CEPAL

La lenta propagación del progreso técnico en la periferia, perpetuada por la nueva división internacional del trabajo que implanta la Revolución Industrial (entre países productores de manufacturas y países productores de productos primarios y mercado de aquellos), al producirse el proceso de integración de la economía mundial, constituye la principal debilidad de la teoría del subdesarrollo de la CEPAL. Este punto de vista de la CEPAL, piedra angular de toda su teoría, se convierte, a su vez, en su punto de partida y punto de partida, al mismo tiempo, de su intensa y aguda lucha ideológica con los Estados Unidos, centro hegemónico principal del **"sistema centro-periferia"**. En la raíz de este antagonismo ideológico yace la decisión de impulsar la industrialización, en contra de los intereses económicos del principal centro hegemónico, como único camino válido al alcance de los países subdesarrollados, específicamente de la región, para aprovechar las ventajas del progreso técnico. La **industrialización** permitiría alcanzar un desarrollo más dinámico y autónomo, y menos vulnerable al exterior, así como absorber crecientemente mano de obra, elevar la productividad y mejorar de manera paulatina y sustantiva el nivel de vida de la población.

La intensa y aguda lucha ideológica que se desarrolla a lo largo de la década de 1950, coloca a la CEPAL y al Departamento de Estado en la antípoda de la contradicción, al extremo de poner en peligro la existencia misma de la institución.

Veamos pues, el meollo del asunto.

"La propagación universal del progreso técnico desde los países originarios al resto del mundo ha sido relativamente lenta e irregular, si se toma como punto de mira el de cada generación. En el largo periodo que transcurre desde la Revolución Industrial hasta la primera Guerra Mundial, las nuevas formas de producir en que la técnica ha venido manifestándose incesantemente sólo han abarcado una proporción reducida de la población mundial. El movimiento se inicia en la Gran Bretaña, sigue con distintos grados de intensidad en el continente europeo, adquiere un impulso extraordinario en los Estados Unidos y abarca finalmente al Japón, cuando este país se empeña en asimilar rápidamente los modos occidentales de producir. Fueron formándose así los grandes centros industriales del mundo, en torno de los cuales la periferia del nuevo sistema, vasta y heterogénea, tomaba escasa parte en el mejoramiento de la productividad. Dentro de esa periferia, el progreso técnico sólo prende en exiguos sectores de su ingente población, pues generalmente no penetra sino allí en donde se hace necesario para

producir alimentos y materias primas a bajo costo, con destino a aquellos grandes centros industriales.[1]

En este punto de vista están de acuerdo casi todos los autores de la CEPAL.

*"La cosmovisión de la economía internacional —subraya Celso Furtado expresando este concenso—, en la que se afirmaba la existencia de una ruptura estructural causada por la lenta propagación del progreso técnico y que se veía perpetuada por la división internacional del trabajo, **fue el principal aporte teórico de Prebisch y constituyó el punto de partida de la teoría del subdesarrollo, que asumió una posición preponderante en el pensamiento de América Latina de la posguerra. Para Prebisch, el subdesarrollo se origina en 'la concentración del progreso técnico y sus frutos en actividades económicas orientadas hacia la exportación', dando lugar a estructuras sociales heterogéneas 'en virtud de las cuales una gran parte de la población es mantenida al margen del desarrollo' ".**[2]*

*"Tratando de encontrar una explicación de estos fenómenos —agrega Prebisch en otro lugar— en aquellos años hice especial hincapié en el hecho de que los países de la América Latina forman parte de un sistema de relaciones económicas internacionales que denominé el sistema **centro-periferia.** En realidad, este concepto había estado dan-*

---

(1) Raúl Prebisch, *Crecimiento, desequilibrio y disparidades: interpretación del proceso de desarrollo económico* (Primera parte del *Estudio Económico de la América Latina, 1949,* CEPAL); tomado de la **Lectura N° 46*, La obra de Prebisch en la CEPAL,** Selección de Adolfo Gurrieri en dos partes, de la serie Lecturas de El Trimestre Económico; Fondo de Cultura Económica, primera edición; Primera parte (El programa inicial en la CEPAL), p. 156; México, 1982.

(2) Celso Furtado, *La cosmovisión de Prebisch*, en Banco Interamericano de Desarrollo, **El legado de Raúl Prebisch**; Enrique V. Iglesias Editor; pp. 52-53; Washington, D.C., 1993. Negritas de JETA.

*do vueltas en mi mente durante algún tiempo. Al principio le asigné un carácter cíclico, considerando que reflejaba el papel activo de los centros industriales y la pasividad de la periferia, donde las fluctuaciones económicas de los centros intensificaban sus consecuencias. Había en efecto una **constelación económica** cuyo centro lo constituían los países industrializados favorecidos por esta posición —apoyada en su avance previo en materia de progreso técnico—, quienes organizaban el sistema en su conjunto para que sirviera a sus propios intereses. Los países productores y exportadores de materias primas estaban así conectados con el centro, en función de sus recursos naturales, de modo que formaban una periferia vasta y heterogénea, incorporada en el sistema en forma y amplitud diferentes. Mientras que mi diagnóstico de la situación de los países latinoamericanos —añade finalmente— se basó en mi crítica del patrón de desarrollo orientado hacia afuera, que en mi opinión no permitía el desarrollo pleno de tales países. La política de desarrollo que propuse se orientaba al establecimiento de un nuevo patrón de desarrollo que permitiría superar las limitaciones del patrón anterior; esta nueva forma de desarrollo tendría como objetivo principal la industrialización. En realidad, la política económica que yo proponía trataba de dar una justificación teórica para la política de industrialización que ya se estaba siguiendo (sobre todo en los países grandes de la América Latina), de alentar a los otros países a seguirla también, y de proporcionar a todos ellos una estrategia ordenada para su ejecución".* [3]

"Dicho de otro modo, —reitera Octavio Rodríguez— se concibe que centros y periferia se constituyen históricamen-

---

(3) Raúl Prebich, *Cinco etapas de mi pensamiento sobre el desarrollo (ensayo presentado en un seminario del Banco Mundial);* en CEPAL, **Raúl Prebisch: un aporte al estudio de su pensamiento,** LC/G.1461, Santiago de Chile, marzo de 1987; pp. 14-15. Publicación de las Naciones Unidas, N° de venta S.87.II.G.6. Negritas de Prebisch.

te como resultado de la forma en que el progreso técnico se propaga en la economía mundial. En los centros, los métodos indirectos de producción que el progreso técnico genera se difunden en un lapso relativamente breve a la totalidad del aparato productivo. En la periferia se parte de un atraso inicial, y al transcurrir el período llamado de **desarrollo hacia afuera,** *las nuevas técnicas sólo se implantan en los sectores exportadores de productos primarios y en algunas actividades económicas directamente relacionadas con la exportación, las cuales pasan a coexistir con sectores rezagados en cuanto a la penetración de las nuevas técnicas y al nivel de la productividad del trabajo ".*[4]

---

(4) Octavio Rodríguez, **La teoría del subdesarrollo de la CEPAL**; Siglo XXI, 8° ed.; p. 25; México, D. F., 1993. Negritas de Octavio Rodríguez. No hay que olvidar que de acuerdo con el razonamiento de las ventajas económicas de la división internacional del trabajo el fruto del progreso técnico tiende a repartirse equitativamente, ya sea por la disminución de los precios o por el alza equivalente de los ingresos. Los países de producción primaria obtienen, por tanto, su parte en aquel fruto y no necesitan industrializarse. Antes bien, su menor eficiencia les haría perder las ventajas clásicas del intercambio. Más aun, el progreso técnico parece haber sido mayor en la industria que en la producción primaria de los países de la periferia. En consecuencia, si los precios hubieran descendido en armonía con la mayor productividad, la baja habría tenido que ser menor en los productos primarios que en los industriales, de manera que la relación de precios ente ambos hubiera ido mejorando persistentemente en favor de los países de la periferia conforme se desarrollaba la disparidad de productividades. Empero, esto no es lo que ha ocurrido en la realidad. Desde los años setenta del siglo hasta antes de la segunda Guerra Mundial, la relación de precios se ha movido constantemente en contra de la producción primaria. Un razonamiento simple sobre este fenómeno nos permite formular, indica Prebisch, las siguientes consideraciones:

"Primero: los precios no han bajado conforme al progreso técnico, pues mientras por un lado el costo tendía a bajar, a causa del aumento de la productividad, subían por otra parte los ingresos de los empresarios y de los factores productivos. Cuando el ascenso de los ingresos fue más intenso que el de la productividad los precios subieron en vez de bajar. Segundo: si el crecimiento de los ingresos, en los centros industriales y en la periferia, hubiese sido proporcional al aumento de las respectivas productividades, la relación de precios entre los productos primarios y los productos finales de la industria no hubiese sido diferente de la que habría existido si los precios hubiesen bajado estrictamente de acuerdo con la productividad. Y dada la mayor productividad de la industria,

Convencido de la certeza de su tesis, a principios de la década del 60, en los años 1960-1961, en pleno proceso de industrialización en los países más avanzados de la región, Prebisch reafirmaba:

*"Históricamente el progreso técnico no se ha propagado en forma pareja, contribuyendo por eso a la división de la economía mundial en centros industriales por una parte, y países periféricos de producción primaria por la otra, con las consiguientes diferencias en el crecimiento del ingreso. Estamos ahora en un **periodo de transición** en que se está borrando gradualmente aquella división, pero pasará largo tiempo todavía antes que desaparezca del todo. **A medida que el progreso técnico, limitado originalmente a los sectores de exportación primaria y actividades conexas, se extiende cada vez más en la periferia y abarca a otros sectores se hace sentir la necesidad de la industrialización** [...] **A menos que sea apoyado por un vigoroso proceso de industrialización y productividad creciente en la industria** —agrega más adelante el autor—, **el avance técnico en la producción primaria como una alternativa de la industrialización —con el fin de mejorar los niveles de vida— será***

---

*la relación de precios se habría movido en favor de los productos primarios. Tercero: como en realidad la relación, según se ha visto, se ha movido en contra de los productos primarios, entre los años setenta del siglo pasado y los años treinta del presente, es obvio que los ingresos de los empresarios y factores productivos han crecido en los centros más que el aumento de la productividad, y en la periferia menos que el respectivo aumento de la misma. **En otros términos, mientras los centros han retenido íntegramente el fruto del progreso técnico de su industria, los países de la periferia les han traspasado una parte del fruto de su propio progreso técnico".** [Raúl Prebisch, *El desarrollo económico de la América Latina y algunos de sus principales problemas* (escrito en 1949 como introducción al Estudio económico de la América Latina 1948. Posteriormente fue publicado en el Boletín económico de la América Latina, vol. VII, núm. 1, febrero de 1962); tomado de la **Lectura 46*, La obra de Prebisch en la CEPAL**, selección de Adolfo Gurrieri en dos partes; de la Serie de Lecturas de El Trimestre Económico; Fondo de Cultura Económica, primera edición; Primera parte (El programa inicial en la CEPAL); p. 109; México, 1982]. Negritas de Prebisch.

contraproducente, *ya que los frutos de tal progreso serán generalmente transferidos de los países periféricos al mundo exterior. Cuanto mayor sea la inelasticidad de la demanda de las exportaciones periféricas, tanto más grande será la proporción de beneficios que se transfiera".*[5]

Pues bien, esta concepción del subdesarrollo como **una ruptura estructural causada por la lenta propagación del progreso técnico y perpetuada por la división internacional del trabajo, principal aporte teórico de Prebisch y punto de partida de la teoría del subdesarrollo, como señala Furtado, me parece completamente inexacta.**

Contrariamente a lo que sostiene Prebisch, el progreso técnico que se expresa en la Revolución Industrial, es decir, en el descubrimiento de la **maquinaria,** el salto tecnológico más grande que había conocido la humanidad hasta entonces, **y no la disparidad como se propaga este salto tecnológico,** es la causa del surgimiento del subdesarrollo. Desde el momento en que se revolucionan la extracción de carbón y de

---

(5) *)* Raúl Prebisch, *La política comercial en los países insuficientemente desarrollados. Desde el punto de vista latinoamericano;* tomado de la **Lectura 46*, La obra de Prebisch en la CEPAL,** selección de Adolfo Gurrieri en dos partes; de la Serie de Lecturas de El Trimestre Económico; Fondo de Cultura Económica, primera edición; Segunda parte (Esfuerzo interno y cooperación internacional: el programa de desarrollo en los años setenta)); pp. 442, 443; México, 1982. Negritas de Prebisch. Gurrieri señala que el Artículo fue publicado en la Revista Economía, de la Universidad de Chile, vols. XIX y XX, años 1960-1961, núms. 69 y 70. La versión en inglés apareció en la *American Economic Review,* núm. 3, 1959. Prebisch agradece la crítica valiosa y sus constructivas sugerencias a los señores Hollisb Chenery, profesor de la Universidad de Stanford, y Louis N. Swenson, subdirector de la Comisión Económica para América Latina, así como a los señores Hans Singer y Sidney Dell, del Departamento Económico y Social de las Naciones Unidas. Me es grato dejar constancia aquí –agrega Prebisch- de la coincidencia de ideas de este trabajo con las líneas generales de la monografía del doctor Singer, *La industrialización: la otra cara de la moneda,* preparada para la reciente reunión del Grupo de Trabajo de ECAFE, sobre "El papel de la industrialización en el desarrollo económico", monografía que recibí después de terminado el presente artículo.

hierro, la elaboración de los metales y el transporte y se crean todas las condiciones generales de producción que corresponden a la gran industria, este sistema de producción capitalista cobra una elasticidad, una capacidad súbita e intensiva de expansión que sólo se detiene ante las trabas que le oponen las materias primas y el mercado. La maquinaria determina, por una parte, un incremento directo de las materias primas, al mismo tiempo que el abaratamiento de los artículos producidos a máquinas y la transformación operada en los medios de comunicación y de transporte crean todas las premisas técnico-materiales para la conquista de los mercados extranjeros. Y es en estas condiciones históricas, que va madurando la misma naturaleza del sistema capitalista, que se opera el proceso de integración de la economía mundial. En la base de esta integración, subraya Marx, *"se implanta una nueva división internacional del trabajo, ajustada a los centros principales de la gran industria, división del trabajo que convierte a una parte del planeta en campo preferente de producción agrícola para las necesidades de otra parte organizada como campo de producción industrial"*[6].

Por tanto, la división de la economía mundial en centros industriales por una parte, y países periféricos de producción primaria por la otra, no es producto de la propagación dispareja del progreso técnico, como sostiene Prebisch, **sino el resultado inexorable de la nueva división internacional del trabajo que implanta la Revolución Industrial al desencadenar del proceso de integración de la economía mundial.** Dicho en otros términos, el **"sistema centro-periferia"** no es resultado de una ruptura estructural causada por la lenta propagación del progreso técnico y perpetuada por la división internacional del trabajo, sino al revés, **la nueva división internacional del trabajo es la base que explica la lenta propagación del pro-**

---

(6) Carlos Marx, **El Capital;** Editorial Nacional de Cuba; Tomo I; p. 403; La Habana, 1962.

greso técnico en la periferia. Por supuesto, que esta nueva división internacional del trabajo que implanta la Revolución Industrial es una ley histórico-natural, inexorable del sistema capitalista. Los hombres no pueden abolir, destruir ni transformar las leyes de la naturaleza, ni tampoco las leyes del desarrollo de la sociedad. Su función es descubrirlas, conocerlas y aprovecharlas en interés de la sociedad. Negar las leyes de los fenómenos sociales equivale a renunciar a la posibilidad de influir en la marcha de estos y gobernar el curso de los acontecimientos.

Empero, Prebisch, bajo la influencia del espejismo del proceso de sustitución de importaciones que surgió en la región durante la Primera Guerra Mundial, la Gran Depresión de 1929-30 y la Segunda Guerra Mundial, optó por desafiar aquella ley histórico-natural, objetiva e inexorable del sistema capitalista.

"Si esta constelación económica a que había llegado el mundo antes de la primera guerra pudo considerarse como sistema ideal de la división del trabajo, es claro que todo lo que se apartase de sus cánones tendría que considerarse como desviación del modo normal de funcionar de la economía. Sin embargo, no podría existir ninguna razón de validez científica para considerar que esa constelación fuera definitiva. Sólo se había cumplido en aquel entonces una etapa de singular importancia en el proceso de crecimiento de la economía del mundo, la cual, por muy grandes que fueran sus efectos, mal podría calificarse de fase final, pues quedaba en cierto modo al margen de ella el amplísimo campo de la periferia, con enormes posibilidades de asimilar el progreso técnico para elevar el muy precario nivel de vida de sus grandes masas de población".[7]

---

(7) Raúl Prebisch, *Crecimiento, desequilibrio y disparidades: interpretación del proceso de desarrollo económico* (Primera parte del Estudio Económico de la América Latina, 1949, CEPAL); en Ob. Cit. p. 156. Negritas de Prebisch.

Como vemos, Prebisch estaba convencido de que el vigoroso proceso de industrialización emprendido por los países más avanzados de la periferia, iría borrando gradualmente aquella división de la economía mundial en centros industriales por una parte *y países periféricos de producción primaria por la otra.* Sin embargo, el proceso de sustitución de importaciones no tuvo éxito y lo que pareció ser un **período de transición** prolongado, se fue desvaneciendo y dio paso, a finales de la década del sesenta y principios de la década del setenta, a la llamada teoría de la dependencia que, en el interior de la CEPAL vino a sustituir a la teoría del subdesarrollo Prebisch-CEPAL.

"En consecuencia —señala Osvaldo Sunkel reafirmando el fracaso del proceso de sustitución de importaciones—, *la estrategia del desarrollo mediante la industrialización por sustitución de importaciones, que debería haber liberado a la economía de su fuerte dependencia de la exportación de productos primarios y de capital y tecnología externos, no sólo no ha logrado estas metas, sino que de hecho ha agravado la situación y naturaleza dependiente de nuestras economías".*[8]

"Del fracaso de estas políticas —agrega José Villamil—, *y como continuación de una larga tradición de pensamiento crítico en la América Latina, surgió un nuevo enfoque sobre los problemas del desarrollo, al cual se le llamó* el enfoque de la dependencia. *Este nuevo enfoque pretendía integrar el análisis de clase con las visiones de la* CEPAL *y, además,*

---

(8) Osvaldo Sunkel, *La naturaleza de la dependencia latinoamericana*, en Serie de Lecturas de El Trimestre económico, **Lectura N° 30****, **Economía internacional**, René Villarreal (compilador); Fondo de Cultura Económica, primera edición; p. 275-276; México, 1979. Negritas de JETA.

ampliar la visión del problema apartándose del enfoque estrictamente economicista que había prevalecido".[9]

De allí que tampoco sea válida la afirmación de Prebisch de que con el inicio del proceso de sustitución de importaciones entramos en un **"período de transición** en el que se está borrando gradualmente aquella división, pero pasara largo tiempo todavía antes que desaparezca del todo". Asimismo, tampoco es cierto que "el progreso técnico, limitado originalmente a los sectores de exportación primaria y actividades conexas, se extenderá cada vez más en la periferia a los sectores industriales".

Resulta evidente, por otra parte, que ni la llamada **teoría de la "dependencia"** de la CEPAL de Fernando Henrique Cardoso y Enzo Faletto, ni los intentos de la obra madura de Raúl Prebisch, **Capitalismo periférico. Crisis y transformación,** integran, muy a pesar de sus buenas intenciones, el **análisis de clase** con las visiones de la CEPAL.

"Con mucha razón —sostiene Prebisch en el Prólogo a la Teoría del subdesarrollo de la CEPAL—, *Octavio Rodríguez destaca en su libro las limitaciones de las teorías de la CEPAL. Son teorías estrictamente económicas, con alguna incursión circunstancial en otros campos. En la CEPAL, los sociólogos y los economistas hemos andado desencontrados por mucho tiempo, pensando con cierto recelo quién se atrevía a entrar en el cercado que correspondía al otro. Pues yo he hecho un modesto ensayo en el cual me encuentro trabajando todavía. Estoy tratando, en suma, de interpretar el desarrollo periférico como un complejo fenómeno de carácter dinámico que abarca ele-*

---

(9) José J. Villamil, *Introducción,* en Serie de Lecturas de El Trimestre económico, **Lectura N° 37, Capitalismo transnacional y desarrollo nacional,** José J. Villamil (compilador); Fondo de Cultura Económica, primera edición en español, corregida y aumentada; p. 11; México, 1981. Negritas de JETA.

*mentos técnicos, económicos, sociales, políticos y culturales.
Todo esto desborda el ámbito de la teoría económica, con lo
cual me expongo a la indiferencia de los economistas y a la inconformidad de los sociólogos. Como quiera que sea —agrega
más adelante—, esta nueva aventura teórica mía —emprendida
al dejar de lado responsabilidades ejecutivas— representa otra
fase en el desarrollo del pensamiento cepalino y, como tal, no
podrá sustraerse a nuestro concepto primigenio que se ha dado
en llamar* **esquema centro-periferia**".[10]

Lamentablemente, la renovación de su pensamiento, o
dicho de otra manera, en su versión neo-estructuralista, su
obra madura **El Capitalismo periférico. Crisis y transformación** no representa, desde el punto de vista de las clases
sociales específicas del capitalismo periférico, ningún avance sustantivo.

Prebisch intenta dar el salto al **análisis de clase** pero no
lo logra y continuó atrapado por su teoría de la lenta propagación del progreso técnico en la periferia, es decir, en la
concepción de la Economía política como relaciones entre
cosas (entre el progreso técnico y la distribución de los incrementos de su productividad) o entre cosas y el hombre y
no entre personas y, en última instancia, entre clases. Como
indicamos anteriormente, *"la Economía no trata de cosas,
sino de relaciones entre personas y, en última instancia, entre clases; si bien estas relaciones van siempre unidas a cosas y aparecen como cosas* "[11].

---

(10) Raúl Prebisch, *Prologo* a la obra de Octavio Rodríguez, **La teoría del subdesarrollo de la CEPAL,** Siglo XXI editores, octava edición, p. x-xi; México,
1993.) Negritas de Prebisch.

(11) F. Engels, *La Contribución a la crítica de la Economía política, de Carlos
Marx;* **Obras escogidas;** Editorial Progreso, Tomo I; p. 352; Moscú, 1955.

Son notables las contradicciones de Raúl Prebisch en sus intentos por superar sus limitaciones en el análisis de clases. He aquí algunos ejemplos.

"Si el progreso técnico de los centros industriales y su gradual propagación al resto del mundo traen nuevos problemas en el plano internacional —subraya por una parte el autor—, *[...] también los traen en los países en desarrollo.....Tres son en general* —agrega, más adelante—, *los grandes obstáculos que se oponen a la propagación del progreso técnico y, por tanto, al aumento de productividad y del ingreso por habitante en los países en desarrollo: la tenencia del suelo; la escasa movilidad social y la ignorancia de las masas, y la concentración del ingreso en grupos relativamente pequeños de la población [...]. La debilidad del impulso al desarrollo en buena parte de países periféricos* —indica finalmente— *es consecuencia de todos esos factores internos que se integran en una determinada estructura social, además de los factores externos que estrangulan el crecimiento. El desarrollo exige cambios en las formas de producir y en la estructura de la economía que no podrían operarse sin que la transformación de esa estructura social abra paso a las fuerzas del progreso técnico".*[12]

"La apropiación del fruto del progreso técnico en el capitalismo periférico —afirma en otro lugar— *constituye en gran parte el resultado arbitrario de un juego de relaciones de poder que surge de la estructura social...Sostengo aquí*

<hr>

(12) Raúl Prebisch, *Nueva política comercial para el desarrollo* (Informe presentado por R. Prebisch a la Segunda Conferencia de las Naciones Unidas sobre Comercio y Desarrollo, Ginebra, 1964, en su carácter de Secretario General de la misma); tomado de la **Lectura 46** (La obra de Prebisch en la CEPAL,** selección de Adolfo Gurrieri en dos partes), de la Serie de Lecturas de El Trimestre Económico; Fondo de Cultura Económica, primera edición; Segunda parte (Esfuerzo interno y cooperación internacional: el programa de desarrollo en los años setenta); pp. 345-346; México, 1982. Negritas de Prebisch.

que el origen de todo ello, si se me permite simplificar, está en que ese fruto de la mayor productividad que trae apareja-da la propagación de la técnica de los centros en la periferia tiende a concentrarse en gran parte en los estratos superio-res de ingreso, sobre todo en virtud del poder económico de estos estratos". [13]

"Hemos caracterizado —apunta finalmente en su obra madura— *el desarrollo periférico como un proceso de irra-diación y propagación desde los centros de técnicas, mo-dalidades de consumo y demás formas culturales, ideas, ideologías e instituciones. Todo ello en una estructura social fundamentalmente diferente. Allí se encuentra la raíz de las contradicciones de donde surgen las grandes fallas internas del capitalismo periférico".* [14]

Independientemente de cuál fue el destino del proceso de sustitución de importaciones, la industrialización se convir-tió a principios de la década del cincuenta en el eje central de la estrategia del desarrollo de la CEPAL.

"A menos que sea apoyado por un vigoroso proceso de industrialización y productividad creciente en la industria —subraya Prebisch— *el avance técnico en la producción primaria como una alternativa de la industrialización —con el fin de mejorar los niveles de vida— será contraproducen-te,* ya que los frutos de tal progreso serán generalmente trans-feridos de los países periféricos al mundo exterior".* [15]

---

(13) Raúl Prebisch, *Estructura socioeconómica y crisis del sistema (reflexiones al cumplirse nuestros primeros treinta años)*; en **Revista de la CEPAL**; pp. 168-169; Segundo semestre de 1978).

(14) Raúl Prebisch, **Capitalismo periférico. Crisis y transformación,** Fondo de Cultura Económica, primera edición; p. 211; México, D. F., 1981.

(15) Raúl Prebisch, *La política comercial en los países insuficientemente desa-rrollados. Desde el punto de vista latinoamericano* (Artículo publicado en la

Este punto de vista de la CEPAL, piedra de toque de su teoría, se convierte a su vez, en el punto de partida de una intensa y aguda lucha ideológica con el centro hegemónico principal. En la raíz de este antagonismo ideológico yace la decisión de impulsar la industrialización en contra de los intereses económicos del principal centro hegemónico, como único camino válido al alcance de los países subdesarrollados para aprovechar las ventajas del progreso técnico. La **industrialización** permitiría alcanzar un desarrollo más dinámico y autónomo, y menos vulnerable al exterior, así como absorber crecientemente mano de obra, elevar la productividad y mejorar de manera paulatina y sustantiva el nivel de vida de la población.

2. *LA GRAN DEPRESIÓN DE 1929-30 Y LA RUPTURA DE PREBISCH CON LA ESCUELA NEOCLÁSICA*

En el punto I.1. *"La frustración neoclásica"* de la **quinta parte** de su obra madura, Prebisch señala:

"En este trabajo he tratado de explorar nuevos caminos de interpretación del capitalismo periférico. ¿Por qué hacerlo? ¿Por qué no examinar este fenómeno a la luz de las enseñanzas neoclásicas? Y en vez de pensar en transformaciones fundamentales, ¿no estará la solución en adherirse firmemente a tales enseñanzas, en dejar que las fuerzas del mercado actúen sin intervenciones artificiales, a fin de lograr la asignación más eficaz de recursos productivos y

---

Revista Economía, de la Universidad de Chile, vols. XIX y XX, años 1960-1961, núms 69 y 70); tomado de la **Lectura 46*, La obra de Prebisch en la CEPAL,** selección de Adolfo Gurrieri en dos partes), de la Serie de Lecturas de El Trimestre Económico; Fondo de Cultura Económica, primera edición; Primera parte (El programa inicial en la CEPAL), p. 443; México, 1982. Negritas de Prebisch.

la distribución racional del producto así logrado? **Como he afirmado reiteradamente, fui un neoclásico de hondas convicciones. Creí, y sigo creyendo, en las ventajas de una competencia ideal y en la eficacia técnica del mercado, y también en su gran significación política. Pero el capitalismo periférico es muy diferente de todo eso. Y la observación de la realidad me ha persuadido de que esas teorías no nos permiten interpretar, ni atacar, los grandes problemas que derivan de su funcionamiento.** *He realizado un gran esfuerzo para escapar a esas teorías y explicar con independencia intelectual los fenómenos del desarrollo periférico; y al tratar de hacerlo he encontrado grandes resistencias, y las sigo encontrando. Los neoclásicos trataron de sistematizar y dar consistencia lógica a las ideas medulares de sus precursores clásicos. Formularon así su gran concepción doctrinaria del equilibrio económico y la interdependencia de todos los elementos que intervienen en el juego de la economía. Como alguna vez recordé, durante mi juventud estas teorías me sedujeron por su precisión y elegancia matemática. Y también por su fuerza persuasiva. Demostraban, en efecto, que el libre juego de las fuerzas de la economía, sin interferencia alguna, llevaba a la mejor utilización de los factores productivos en beneficio de toda la colectividad, tanto en el campo internacional como en el desarrollo interno. Y había en ellas, además, un elemento ético subyacente que, sin duda alguna, ha contribuido a su prestigio intelectual. Pero en su búsqueda de rigor, en el desdén que sus adeptos manifestaban por los que llamaban, en aquellos tiempos pasados, economistas literarios, lograron descartar de sus razonamientos elementos importantes de la realidad social y política, de la realidad cultural y también del desenvolvimiento histórico de las colectividades. Y al desplegar un esfuerzo pertinaz de asepsia doctrinaria, desenvolvieron sus razonamientos en el vacío, fuera del tiempo y del espacio.* **Si cuando fueron elaborados parecían representar un**

avance científico significativo, considerados a la luz de la evolución capitalista entrañan una verdadera aberración científica, sobre todo cuando tratan de interpretar los fenómenos de la periferia. *Contienen esas teorías, de todos modos, elementos positivos que en forma alguna deberían desdeñarse. No me sorprende el encandilamiento neoclásico de una pléyade de economistas latinoamericanos que, adoctrinados en ciertas escuelas de los centros tratan ahora de aplicar sus enseñanzas a la praxis del desarrollo periférico. Y comprendo también su repudio a intervenciones que, lejos de corregir aquellas fallas del sistema, suelen volverlas más perturbadoras y llevan con frecuencia a su perversión burocrática.* **Si los economistas neoclásicos se limitaran a elevar sus construcciones en el mundo etéreo, pero sin pretender que ésa es la realidad, ello constituiría un respetable esparcimiento intelectual, admirable a veces por el virtuosismo de algunos de sus eminentes expositores allende los mares. Pero muy otra es la situación cuando en estas tierras periféricas se pretende explicar el desarrollo prescindiendo de la estructura social, del retardo histórico del desarrollo periférico, del excedente y de todas las características del capitalismo periférico de que me he ocupado anteriormente. Pues resulta entonces claro y convincente que el juego espontáneo de la economía no puede conducir al equilibrio.** *Se explica la capacidad de supervivencia intelectual de las teorías neoclásicas, sobre todo cuando su rigor lógico se demuestra mediante el sistema de ecuaciones que introdujeron a su tiempo Walras y Pareto, punto de partida de la evolución ulterior de tales teorías. Conviene recordarlo en estos momentos cuando surgen esos retoños vigorosos en algunos países latinoamericanos. Deploro de veras que no pudiéramos valernos de aquellas doctrinas. Sería maravilloso dejar que las fuerzas de la economía lleven espontáneamente a la eficacia y equidad del sistema, con prescindencia del empeño deliberado y muy complejo de obrar sobre ellas.* **Más**

aún, confieso que estaría dispuesto a justificar transitoriamente ciertos sacrificios colectivos si con ello despejáramos en forma definitiva los obstáculos que se oponen al desarrollo. Pero no es así, y siento la necesidad intelectual —y la responsabilidad moral— de presentar las razones que me han llevado a abandonar la ortodoxia. Pero sigo siempre dispuesto al diálogo y lo procuro ansiosamente. Y no vacilaría en reconocer mi descarrío, capitular y enmendarme, si del diálogo surgieran motivos valederos para hacerlo. Las razones por las cuales no concuerdo, desde hace mucho tiempo, con las teorías neoclásicas conciernen a la distribución del ingreso, la acumulación de capital, y al papel del mercado en lo referente al desarrollo interno y al intercambio internacional [...] Si bien supongo, y creo que fundadamente, que esas teorías también están lejos de explicar los fenómenos del desarrollo capitalista de los centros, me ceñiré exclusivamente a la periferia, ante todo porque creo conocerla mejor, y acaso por no tener que luchar en dos frentes simultáneamente, riesgo del que, desde luego, no estaría exento".[16]

Importa subrayar, sin embargo, que la ruptura con la escuela neoclásica se produce algunos años antes de su incorporación a la CEPAL en 1949.

"En la elaboración de mis ideas —subraya Prebisch— tuvo gran influencia la gran depresión mundial. Apremiado entonces por la necesidad de enfrentar las muy adversas repercusiones de aquel fenómeno, tuve que ir arrojando por la borda teorías neoclásicas de las cuales me había nutrido en mi juventud universitaria. Las enseñanzas de esa crisis me hicieron reflexionar después acerca del desarrollo periféri-

---

(16) Raúl Prebisch, **Capitalismo periférico. Crisis y transformación;** Fondo de Cultura Económica, primera edición; pp. 247-249; México, D. F., 1981. Las negritas son de JETA.

co, su gran vulnerabilidad exterior y las relaciones con los centros".[17]

"Durante aquellos años agitados de la depresión —agrega en otro lugar— ejercí cierta influencia sobre la política económica de mi país —la Argentina—, primero como Subsecretario de Finanzas y luego como banquero central. ***En los años treinta recomendé medidas antinflacionarias ortodoxas para eliminar el déficit fiscal y reprimir las tendencias inflacionarias, pero al mismo tiempo me alejé de la ortodoxia cuando hube de afrontar un grave desequilibrio de balanza de pagos y aconsejé una resuelta política de industrialización y otras medidas orientadas a ese fin".***[18]

En 1931 asume como subsecretario de Hacienda y se ve obligado aplicar políticas para enfrentar la crisis. Durante ese año y el siguiente la política del gobierno combina medidas ortodoxas, como disminución del gasto público, aumento de impuestos y reducción del crédito, con otras de naturaleza heterodoxa como autorizar la realización de operaciones de redescuento a fin de mejorar la situación de los bancos y sus acreedores, elevar los aranceles para contrarrestar el desequilibrio del balance de pagos y disminuir el déficit fiscal, controlar el cambio para defender el valor del peso en relación al oro e introducir el impuesto a la renta para mejorar la recaudación fiscal.

"Estas medidas heterodoxas que Prebisch ayudó a formular y poner en marcha a partir de 1931 fueron siempre

---

(17)Íbid., p. 25.

(18)Raúl Prebisch, *Cinco etapas de mi pensamiento sobre el desarrollo* (ensayo presentado en un seminario del Banco Mundial), en CEPAL, **Raúl Prebisch: un aporte al estudio de su pensamiento,** LC/G.1461, p. 13; Santiago de Chile, marzo de 1987. Publicación de las Naciones Unidas, N° de venta S.87.II.G.6. Negritas de JETA.

presentadas como transitorias y extraordinarias de modo que fueron aceptadas por el resto de los miembros del gobierno y por la élite económica, donde predominaba la tendencia ortodoxa en política económica. Siempre fueron presentadas como la imposición de una realidad que se había trastocado; cuando volviera la normalidad ellas serían abandonadas y se retornaría a la buena doctrina. A ellas debe agregarse un proyecto de creación de un Banco Central que Prebisch redactó en 1931 —y el Ejecutivo no se animó a presentar al Congreso temiendo que lo considerase demasiado intervencionista y permanente— donde proponía regular no sólo las tendencias inflacionarias en la creciente de los ciclos sino también —heterodoxia inaceptable— las recesivas en la menguante. Por lo tanto, con mucha rapidez abandona el patrón oro y se vuelca a la heterodoxia, cuando todavía creía que la crisis era sólo una declinación cíclica; ya no acepta que la 'liquidación' de activos sea un recurso aceptable para salir de la crisis y que deba darse plena libertad de acción a los mecanismos automáticos del mercado. La rapidez de ese cambio de ideas hace sospechar que ya antes de la crisis había comenzado a dudar de tales convicciones; en efecto, de manera explícita ya había expresado sus dudas acerca de la eficacia de los mecanismos de mercado cuando, años antes de la crisis, apoyó la intervención estatal en el mercado de la carne. Asimismo, en el proyecto de autorización del redescuento en 1931 y de manera muy enfática en 1932 rechaza el mecanismo de 'liquidación' de activos para sanear la economía y recobrar el crecimiento; el Estado no puede ser liquidado y no ve ninguna ventaja en liquidar al productor rural que no puede pagar sus créditos por la disminución de los precios internacionales de sus productos ". [19]

---

(19) Adolfo Gurrieri, *Las ideas del joven Prebisch*, en **Revista de la CEPAL**, N° 75, LC/G. 2150-P; pp. 76-77; Santiago de Chile, diciembre 2001.

Constituía un avance en su heterodoxia, pero le faltaba dar un paso adicional y decisivo en la aplicación de políticas activas para sacar a la economía argentina de la recesión, y decidir en qué medida eso requeriría el establecimiento de un nuevo patrón de desarrollo, ahora que estaba consciente de que el primario-exportador no desempeñaría, al menos por un tiempo prolongado, el papel dinámico que había tenido antes de la crisis. Ese paso comienza a darlo en el Plan de Acción Económica Nacional que elabora junto a varios colaboradores a fines de 1933 con el fin explícito de "aliviar al país del peso de la depresión económica". Habiendo ordenado la situación monetaria y fiscal, el Plan destina un primer conjunto de medidas a atacar el desequilibrio del balance de pagos, que padece Argentina en tanto país agrario-exportador y deudor, mediante la devaluación y el control de cambio y las importaciones. En defensa de tales medidas rompe en definitiva con el esquema del patrón oro que sólo sirve para equilibrar alteraciones de los precios y del balance de pagos provocadas por un aumento excesivo del circulante, pero en 1933 dichas alteraciones habían sido causada por una caída de los precios internacionales de una magnitud impresionante e imprevisible. Aplicar el mecanismo del patrón oro, ignorando la importancia causal de los factores externos, ahondaría la crisis al provocar una descomunal liquidación de activos. Estas ideas ya las había formulado con anterioridad pero en este Plan resalta que, además de buscar el equilibrio del sector externo, dichas medidas tenían el objetivo adicional de reactivar la economía; el control de cambios y de las importaciones protegerían la actividad industrial interna de la competencia externa y la devaluación beneficiaría a los productores rurales. Sin la devaluación, los precios internos de los productos agrícolas hubiesen caído a la par de los internacionales, provocando una liquidación en cadena de activos de enorme magnitud; la devaluación atenuó el impacto de la disminución de los precios internacionales sobre los productores. Un segundo conjunto de medidas estuvo destinado a impulsar la reactivación de la producción industrial mediante la recuperación de la demanda interna. Mediante un plan de obras públicas el gobierno disminuyó la desocupación y aumentó el poder adquisitivo y el consumo de la población, estimulando la reactivación de la producción industrial interna, adicionalmente protegida por la incapacidad para importar. La protección brindada por los aranceles y el mayor costo de las divisas favorecieron el consumo y la producción interna, dando lugar a un proceso de gran trascendencia: las industrias locales lograron ensanchar su producción mientras declinaba el comercio exterior. En suma, difícilmente podría venir de afuera el estímulo que requería imperiosamente la economía argentina, las soluciones tendrían que venir de adentro, del país mismo.[20]

Es evidente, por tanto, que la intensa lucha ideológica con el centro hegemónico principal comienza con la Gran depresión de 1929-30 y su profunda repercusión en la economía argentina, lo que obligó a Prebisch a ir arrojando por la borda las teorías neoclásicas de las cuales se había nutrido su juventud universitaria. La consideración según la cual el capitalismo periférico era parte integrante del sistema mundial, ordenado de acuerdo al esquema pretérito de la división internacional del trabajo y de las ventajas comparativas, fue el punto de partida. El capitalismo de los países avanzados era esencialmente centrípeto, y su dinámica no bastaba para que la periferia pudiera impulsar su propio desarrollo rompiendo aquel esquema pretérito. Para lograr este objetivo la periferia tenía que industrializarse. De allí que la decisión de impulsar la industrialización en contra de los intereses económicos del centro como único camino válido de los países subdesarrollados, está en la raíz de esta aguda lucha ideológica.

____

(20) Adolfo Gurrieri, Ob., cit. p. 78.

3. LA CREACIÓN DE LA CEPAL EN 1948 Y SU INTENTO DE ELIMINARLA EN 1951

"Mi ingreso en la Comisión Económica para América Latina de las Naciones Unidas, en 1949, ocurrió –señala Prebisch– cuando mis ideas estaban llegando ya a la madurez, de modo que pude cristalizarlas en varios estudios publicados a principios de los años cincuenta, donde traté de presentar un diagnóstico de los problemas y de las sugestiones de política que servirían como opciones de las propuestas por la escuela ortodoxa. Gracias al horizonte más amplio que permitían mis nuevas responsabilidades, estos estudios no se aplicaban sólo a la Argentina sino al conjunto de la América Latina".[21]

He aquí brevemente, en palabras de Prebisch, su incorporación a la CEPAL y el enfrentamiento que esto produjo con los Estados Unidos. He creído conveniente, para evitar sutilezas en la interpretación, citar los testimonios directos de los propios actores.

"Al establecerse la CEPAL en 1948 se me invitó a dirigir su secretaría. No quise aceptar aquel honroso ofrecimiento. Consideraba entonces una pérdida de tiempo trabajar en materias económicas en las Naciones Unidas. En mi juventud había tenido ocasión de ver de cerca las actividades que en estas materias se llevaban a cabo en la Liga de las Naciones: concepción anglosajona de los problemas económicos del mundo, con un interés muy marginal y episódico hacia los países periféricos de la economía mundial. Estaba yo en

---

(21) Raúl Prebisch, *Cinco etapas de mi pensamiento sobre el desarrollo* (ensayo presentado en un seminario del Banco Mundial), en CEPAL, **Raúl Prebisch: un aporte al estudio de su pensamiento,** LC/G.1461, p. 14; Santiago de Chile, marzo de 1987. Publicación de las Naciones Unidas, N° de venta S.87.II.G.6.

aquellos tiempos tratando de desentrañar, de explicarme, los problemas del mundo subdesarrollado, y suponía que en una institución internacional, dominada por los economistas de los grandes centros industriales, iba a ser imposible abordar esos problemas con la mente libre de prejuicios doctrinarios. Poco tiempo después pude comprobar mi error. Tras haberme negado a aceptar la responsabilidad que se me ofrecía, me invitaron a escribir la introducción del primer Estudio Económico anual que presentaría la CEPAL a sus Gobiernos Miembros. Era a principios de 1949. El gobierno argentino de aquellos tiempos me había hecho imposible continuar en mi cátedra universitaria, después de haberme desalojado del Banco Central en cuya organización perdí mis mejores años juveniles. Por lo tanto, la invitación de trasladarme por algunos meses a Santiago de Chile —sede venturosa de la institución que comenzaba— tenia para mí inesperados halagos. Ahí, pues, escribí mi primer trabajo en la CEPAL sobre desarrollo económico latinoamericano. Me proponía allí, entre otras cosas, demostrar la necesidad ineludible de la industrialización en el desarrollo económico de la región y por primera vez presentaba en forma escrita mis ideas incipientes sobre el estrangulamiento exterior y el deterioro en la relación de precios del intercambio. No estaba improvisando por cierto. Había venido exponiendo estas ideas en la Universidad en Buenos Aires, pero no había tenido oportunidad de ponerme a escribir sobre ellas. Ahora se me presentaba esa oportunidad y pasé cuatro semanas inolvidables escribiendo tranquilamente. Terminada la tarea, los resultados fueron a la sede central de las Naciones Unidas en Nueva York. Largo cable de vuelta. En síntesis, tratábase de un trabajo serio, pero de ideas demasiado personales. Por lo demás, había cierta renuencia a discurrir sobre el desarrollo económico.*

---

* Véase *El desarrollo económico de América Latina y algunos de sus principales problemas* (E/CN.12/89). Se ha reproducido después en el Boletín Económico de América Latina, vol. VII, N° 1, Santiago de Chile, febrero de 1962, pp. 1 y ss.

No era éste precisamente el objetivo de la CEPAL. Por otra parte, esa insistencia en la industrialización latinoamericana podría despertar reacciones desfavorables. Con todo, era un buen trabajo. ¿Por qué entonces no lo firma su autor, presentándolo bajo su propia responsabilidad, sin comprometer a la secretaría de las Naciones Unidas? Este fue, si mal no recuerdo —mi memoria no siempre es buena— el episodio de mi primera firma al comenzar mi aventura en la CEPAL, [...] Tiene alguna importancia este episodio en la vida de nuestra institución, pues los temores que se abrigaban en la sede central de las Naciones Unidas acerca de la repercusión de mi trabajo, aunque infundados, no lo fueron del todo. En efecto, en la segunda reunión de la CEPAL, efectuada en La Habana a mediados de 1949, la tesis que yo sostenía despertó gran interés en los países latinoamericanos, interés suficientemente fuerte como para dominar la hostilidad que ya comenzaba a manifestarse en ciertos sectores. En verdad, las ideas ahí expuestas desafiaban abiertamente la ortodoxia dominante en el pensamiento de los grandes centros industriales acerca del desarrollo económico de los países periféricos. Comenzaron a aflorar los críticos doctrinarios, la mayor parte de los cuales no se tomaban la pena de leer nuestras páginas. Habían oído algo o conocían algunos párrafos sueltos. Nacía de este modo la CEPAL bajo el signo herético que presidió siempre sus destinos. Porque fue una gran sorpresa para mí —una grata sorpresa intelectual— que, después de este episodio, se me volviera a invitar a incorporarme a la Comisión. Acepté por un año dirigir sus estudios, con la condición de que mis trabajos estarían sujetos a mi propia responsabilidad, sin que me fuera necesario referirme a autoridad superior alguna. Se aceptó esa condición y se cumplió con toda estrictez. Lo que se quería era, precisamente, que los latinoamericanos abordáramos nuestros problemas con nuestro propio criterio, sin sujeción doctrinaria ninguna. Después de aquella primera manifestación de perplejidad, los hombres que tenían la di-

*rección de estos asuntos en la sede central de las Naciones Unidas habían comprendido que ésta era una exigencia perentoria del momento latinoamericano y que, si no se respondía a ella, la CEPAL se transformaría en una creación burocrática intrascendente. Concedióseme, pues, la más aboluta libertad de acción y, después de ese primer año de experiencia, no vacilé en quedarme definitivamente por insistente requerimiento de las autoridades centrales. La tarea que comenzaba había terminado por atraerme profundamente. Se me ofrecía un horizonte dilatadísimo de investigación y análisis, de elaboración de nuevas ideas, en una institución internacional de esclarecida dirección y al abrigo de las arbitrariedades políticas o del influjo de intereses espurios que tanto perturban y destruyen en nuestros países. **Quedarme, de modo definitivo es una forma de decir, porque la CEPAL fue creada experimentalmente por tres años, y en 1951, al avecinarse el cumplimiento de este plazo, sobrevinieron fuerzas muy poderosas enderezadas a su eliminación del campo latinoamericano. Lo sabía muy bien cuando acepté la responsabilidad que se me daba. Me lo había dicho crudamente un eminente latinoamericano muy a tono con las ideas allí prevalecientes en esos tiempos. 'Pierde usted su tiempo —me dijo—, pues ya está la OEA para hacer lo que se ha confiado a la CEPAL'. No creo haberlo perdido. La batalla definitiva se libró en nuestro cuarto periodo de sesiones, efectuado en México a mediados de 1951. ** Estuvo a punto de convertirse en una derrota. Chile, que había luchado con entusiasmo***

[…]"Un año antes, si mal no recuerdo, -subraya Prebisch a pregunta de Magariños- se había creado el Consejo Interamericano Económico y Social, el CIES, bajo la égida de la Organización del los Estados Americanos. En seguida se estableció el conflicto. Los Estados Unidos, por supuesto, nunca vieron con buenos ojos lo que se llamó la 'duplicación', y les preocupó enormemente que pudiera crearse un organismo que se sustrajera a su influencia. Mis primeros dos informes fueron la prueba clarísima del acierto de los Estados Unidos. No sólo no tuvieron el control de una Secretaría, sino que tampoco lo podían ejercer desde la sede, porque seguramente conocían la libertad de acción con que yo entré a la CEPAL". (Magariños Mateos, **Diálogos con Raúl Prebisch (testimonios),

por la creación de la CEPAL, estaba casi aislada. Dos hechos fueron decisivos en ese momento: a) la posición del Brasil, que tras ciertas vacilaciones iniciales tomó vigorosamente la defensa de la CEPAL, después que su delegación recibió un cable personal del presidente Vargas, y b) la actitud resuelta de México. Junto con Chile, esos dos países organizaron la resistencia hasta provocar un cambio total. *Algunas semanas después fui a saludar en Río al presidente Vargas, acompañado de Celso Furtado. Pocas veces en mi vida tuve un diálogo tan preciso y categórico. En breves palabras me expresó el Presidente la razón de su actitud: la necesidad de un órgano independiente en manos latinoamericanas. Había en estos asuntos en torno al Presidente brasileño un grupo de jóvenes economistas a los que yo no conocía y con los cuales comencé entonces una amistad invaluable. Roberto Campos, Cleanto de Paiva Leite, Romulo de Almeida y Miguel de Osorio de Almeida. Sospecho que ellos tuvieron alguna intervención en todo esto. El caso de México fue un tanto dramático. Era Secretario de Hacienda el Lic. Don Antonio Carrillo Flores, que me había honrado con su amistad de tiempo atrás. Me invitó una noche a su casa a comer con Alberto Baltra y Oscar Schnake, de la Delegación de Chile, que luchaban afanosamente por salvar y consolidar la CEPAL. Había además un funcionario —de cuyo nombre no quiero acordarme— que tenía en sus manos un pliego. El Secretario le invitó a leerlo después de la comida. Terminada la lectura, el Lic. Carrillo Flores pidió la opinión de los asistentes. Baltra y Schnake reaccionaron vivamente, porque en el texto se proponía la fusión de la CEPAL con otro organismo que había malogrado toda su potencialidad. Mi argumentación fue mucho más breve, pues aquel pliego, que se suponía venir del funcionario que lo presentaba, era exactamente igual al que algunas semanas antes había rechazado yo, en*

Banco Nacional de Comercio Exterior y Fondo de Cultura Económica, primera edición, p. 137; México, D.F.,1991.

*forma categórica, en Washington, en una reunión similar aunque de composición muy diferente. *** Tan pronto como el secretario Carrillo Flores se enteró por mí de esas circunstancias, tomó el papel de manos de aquel funcionario, lo rompió violentamente y arrojó los restos tras el sofá en que estaba sentado. Con ello se definía la actitud de México y se sellaba el apoyo que este país ha venido dando indefectiblemente a la CEPAL ".* [22]

*** "Unos dos meses antes,[…]-indica Prebisch me invitó el embajador Dreyer a conversar, a un coctel en su casa. Fue más bien una reunión de alto nivel: había dos o tres altos funcionarios del Departamento de Estado. Y como suele hacer esta gente, fueron directamente al grano, sin preguntar por la familia, como hacemos nosotros: 'Mire, a nosotros nos preocupa mucho esta duplicación; va a ser una duplicación de esfuerzos. ¿Por qué no reunimos fuerzas? Usted sería el director de la nueva organización, que tendría todos los recursos de la CEPAL más los recursos del CIES y sería mucho más eficaz.' Y me leyeron un proyecto. Yo los escuché y luego me preguntaron qué me parecía. Les respondí: 'Miren, señores, no es el caso de ver la redacción del proyecto. Yo no estoy de acuerdo con lo fundamental, que es la fusión de las dos organizaciones. Y les voy a decir con toda claridad por qué razón. A mi juicio la significación de la CEPAL es dar a la América Latina una expresión propia y auténtica. Yo tengo esta libertad de acción. Si esto se funde, señores -no me nieguen esto- el Departamento de Estado tendría el control de la organización. Yo no digo que no sea una actitud legítima de parte de ustedes, pues son el gran poder, pero yo creo que la CEPAL significa una gran conquista de la América Latina, la de empezar a pensar con su propia cabeza, de interpretar sus problemas y las posiciones que debe de tener. Y esto no se va a poder hacer en la fusión. De manera que yo les agradezco mucho esta manifestación de confianza al hacer presente que yo sería el director de la nueva organización, pero no cuenten conmigo…..Y agregué: Si en un momento de debilidad yo aceptara ser el director de la nueva organización, les puedo asegurar que ninguno de los hombres que me acompañan se uniría a mí en esta fusión. Y debo agregar, y les ruego que no lo tomen a jactancia, que yo ya he cumplido cincuenta años y he mantenido una gran independencia en mi país. Si yo hubiera querido vulnerar esa independencia, seguiría todavía como gerente general del Banco Central. Y a esta altura de mi vida no estoy dispuesto a perderla. No lo tomen ustedes a jactancia. Yo creo que tengo que ser muy franco con ustedes. Bueno, se pasó a otra cosa". (Magariños Mateos, Ob.,cit. pp. 137-138).

(22) Raúl Prebisch, **Hacia una dinámica del desarrollo latinoamericano**, Fondo de Cultura Económica, primera edición, pp. VIII- X1; México D.F., 1963. Negritas de JETA.

Posteriormente se realizó en Quitandinha, Río de Janeiro, en el año 1954, una reunión de la OEA que se conoce precisamente con el nombre de Reunión de Quitandinha, para la cual el secretario de la OEA pidió a la CEPAL un informe, en el que trabajaron un grupo de personalidades entre las cuales estaba Carlos Lleras Restrepo y Eduardo Frei Montalva, expresidente de Chile. El informe fue redactado por Carlos Lleras Restrepo sobre la base de un informe básico presentado por Prebisch.

"Consciente yo de lo que aquel informe significaba – afirma Prebisch—, fui a ver al Secretario General, Dag Hammarskjold, y le expliqué en una hora lo que el informe contenía. Me dijo: preséntelo usted. Le manifesté mi deseo de que lo leyera. Al cabo de dos días lo aprobó sin modificar una coma. Alguien se preocupó por el contenido del informe, puesto que en él se hablaba de la creación de una organización de crédito interamericano; de la relación de precios de intercambio; de la necesidad de estabilizar los precios de los productos primarios; ideas éstas y otras muy candentes entonces. Y se fue muy inquieto a decir a Hammarskjold: 'este informe nos va a traer dificultades'. El Secretario General contestó: 'Lo he leído. Su autor está patinando sobre hielo muy delgado (he is skating on thin ice), pero lo apoyo completamente.' Este antecedente tiene importancia porque reafirma no sólo la alta calidad de un hombre y la comprensión de lo que significan las Naciones Unidas como organismo dinámico que hace avanzar el pensamiento económico más allá del ritmo impuesto por consideraciones vigentes, sino también porque esta actitud reafirmaba cabalmente la política que desde el primer momento hasta hoy ha seguido la Secretaría General en el sentido de abrir nuevos rumbos

y alentar nuevas miras al pensamiento en las comisiones económicas regionales". [23]

4. *EL IMPULSO A LA INDUSTRIALIZACIÓN Y EL ANTAGONISMO IDEOLÓGICO QUE COLOCA A LA CEPAL Y AL DEPARTAMENTO DE ESTADO EN LA ANTÍPODA DE LA CONTRADICCIÓN*

"No constituye una exageración indebida —sostiene David Pollock— decir que, en términos puramente ideológicos, el pensamiento de la CEPAL cayó como una verdadera bomba cuando se dio a conocer por primera vez. En el clima que reinaba en esos momentos era inevitable que algunos voceros de los Estados Unidos intentaran desactivarla. Por ello, los Estados Unidos mantuvieron una relación conflictiva con la CEPAL durante el decenio siguiente a la creación de ésta en 1948. Los ataques contra las publicaciones de la CEPAL no se hicieron esperar y provinieron de muchos sectores importantes de la comunidad estadounidense, tanto del mundo

---

(23) Raúl Prebisch, Ob., cit. p. XV. Por supuesto que los Estados Unidos recibieron muy mal el Informe. "Lo recibieron muy mal —reafirma Prebisch—. Era Humphrey —no el que fue vicepresidente sino otro—, el ministro de Hacienda, y Hoover también. Eran las cuatro haches fatídicas que tuvieron una actitud completamente negativa en Quitandinha. Años después supe por Teodoro Moscoso, que estaba en la delegación, que las instrucciones de Humphrey habían sido: *'Whenever they put a request, tell them no.'* Ésa era la instrucción general que Humphrey había dado. Fue una reunión muy agitada en la que Carlos Lleras demostró un gran talento. También estaba Felipe Herrera. La calidad de los hombres que representaban a Latinoamérica fue de primer orden. No salió nada importante, pero sí la visita del jefe de la delegación de los Estados Unidos en las Naciones Unidas, la visita a Hammarskjóld, para pedir mi cabeza: 'La delegación de los Estados Unidos no tuvo que enfrentar a la América Latina sino al señor Prebisch', dijo. Y Hammarskjóld respondió: ‹He leído su informe y lo apoyo completamente.' Y terminó el asunto" (Magariños Mateos, Ob., cit. p. 143).

académico como de sectores del gobierno, y del ámbito del comercio y las finanzas, Por ejemplo, los economistas académicos estadounidenses no demoraron en responder con una serie de andanadas que apuntaban a cualquier punto vulnerable en la armadura teórica de la CEPAL. Los ataques se dirigían contra diversos elementos de su pensamiento; sin embargo, algunos de ellos parecían concentrar la atención critica de la mayor parte de los académicos estadounidenses, a saber: la división del mundo en una dicotomía centro-periferia basada esencialmente en la composición de productos de las corrientes comerciales internacionales; los enfoques estructuralistas-monetaristas de las causas y remedios de la inflación; la sustitución de importaciones y la industrialización como camino prioritario para superar las restricciones externas (balance de pagos) y para absorber la fuerza de trabajo desempleada y subempleada; y lo inadecuado de la teoría tradicional del comercio, basada en las ventajas comparativas, para servir como pieza clave teórica de una nueva división internacional del trabajo. Sin embargo, y por importantes que se consideraran los puntos anteriormente enumerados, sin duda el blanco principal lo constituía la explicación de Prebisch acerca de los factores que tendían a inducir un deterioro secular de la relación de precios de intercambio entre países exportadores de productos primarios e importadores de bienes manufacturados". [24]

Es evidente que las relaciones entre la administración Eisenhower y la CEPAL se hicieron cada vez más difíciles durante los años cincuenta; sin embargo, al final de la década

---

(24) David Pollock, *La actitud de los Estados Unidos hacia la CEPAL (Algunos cambios durante los últimos 30 años)*; en **Revista de la CEPAL**; p. 67; Santiago de Chile, Segundo semestre de 1978. David Pollock, de origen canadiense, se incorpora a la CEPAL en los años cincuenta. Fue director en la Oficina de la CEPAL en Washington, y además prestó sus servicios en México y Chile, y colaboró estrechamente durante algunos años con el Secretario General de la UNCTAD, en Ginebra.

una combinación de circunstancias produce un cambio en la política económica estadounidense: las recomendaciones del Presidente Kubitschek para una Operación Panamericana, el segundo informe de Milton Eisenhower, hermano del Presidente*, la creación del Banco Interamericano de Desarrollo, en 1959; el programa de desarrollo económico aprobado en la Conferencia de Bogotá, en 1960, y la creación de la Alianza para el Progreso, en 1961. En un discurso pronunciado en la Casa Blanca después de su elección, en 1960, el Presidente Kennedy propuso que los Estados Unidos y América Latina realizaran una Alianza para el Progreso. Dos de los elementos de esta nueva y osada iniciativa presentaban particular interés: uno, la meta misma, es decir, llevar a América Latina, en un decenio, a un punto en que su crecimiento económico pudiera sostenerse por sí mismo. El otro, alcanzar aquel objetivo, mediante la colaboración del sistema interamericano. La CEPAL debería comprometerse activamente en ese proceso. De hecho, la Alianza hacía suya muchas ideas que, desde 1948, había estado proponiendo la CEPAL. El Profesor Arthur Schlesinger Jr., uno de los artífices de la Alianza, sostenía que [...] "la Alianza para el Progreso fue esencialmente un producto latinoamericano, que surgió de Raúl Prebisch, de Argentina, y de la Comisión Económica para América Latina, de las Naciones Unidas".[25]

---

* Publicado más tarde con el título **The Wine is Bitter: The United States and Latín America (El vino amargo: Estados Unidos y América Latina),** Doubleday, New York. 1963.

(25) Arthur Schlesínger Jr., *The Alliance for Progress: A Retrospectíve,* en R. Hellman y H.J. Rosenbaum (ed.), **Latín America: The Search for a New International Role,** Halstead Press, 1974, p. 163. El profesor L.A. Rodríguez, en un artículo titulado *Experience in International Cooperation and Development,* publicado en **Growth and Change,** Universidad de Kentucky, abril de 1970, apoya la tesis de que la Carta de Punta del Este se basaba en las mismas recomendaciones básicas de política antes expresadas en el informe de Quitandinha de la CEPAL, en 1954. Una tesis similar proponen Jerome Levinson y Juan de Onis, **The Alliance that Lost its Way** Twentieth Century Fund, 1970, p. 63; quienes afirman, al referirse al grupo especial de planificación y desarrollo creado para

En esta ocasión, por primera vez, los Estados Unidos y la CEPAL se unieron para alcanzar el desarrollo económico, y también por primera vez desde su creación, se mencionaba a la CEPAL por su nombre y se daba apoyo a su labor. En el discurso con el cual dio inicio la Alianza, en 1961, el Presidente Kennedy solicitó que […] "un Consejo Interamericano Económico y Social muy fortalecido, trabajando en Conjunto con la Comisión Económica para América Latina de las Naciones Unidas y con el Banco Interamericano de Desarrollo, debería reunir a los principales expertos del hemisferio con el fin de contribuir a que cada país desarrolle sus propios planes de desarrollo, y de proporcionar una permanente revisión del progreso económico del hemisferio".[26]

"Las doctrinas de la CEPAL, durante años dejadas de lado por los funcionarios de Washington, parecieron ser súbitamente aceptadas, y el Gobierno de los Estados Unidos hizo suyos conceptos tales como planificación económica, acuerdos regionales de comercio y convenios internacionales sobre productos básicos. "[27]

Si bien las críticas a la CEPAL por parte de académicos y hombres de negocios estadounidenses continuaron*, en tér-

---

colaborar en la preparación de la Carta de Punta del Este, que dicho grupo "siguió básicamente las líneas trazadas por la CEPAL en Quitandinha, siete años antes"[…]; citado por David Pollock, Ob. Cit., p. 73.

(26) Ibid., p. 73.

(27) Abraham F. Lowenthal, *Liberal, Radical and Bureaucratic Perspectives on US-Latin American Policy: The Alliance for Progres in Retrospect;* en Julio Cotler y Richar Fagen (ed.), **Latin America and the US: The Changing Political Realities**, Stanford Press, 1974. p. 213.

* Así, por ejemplo, el *Wall Street Journal* (6 de junio de 1963) sostenía que "las ideas del señor Prebisch no merecerían mayor atención si no fuere porque conforman también la doctrina básica de la tan pregonada Alianza para el Progreso del Presidente Kennedy. De hecho, el señor Prebisch es el padrino intelectual de la Alianza. Sin embargo, los métodos propuestos por el señor Prebisch son, para

minos generales parecían irse transformando en una disputa intelectual más convencional, que se iba centrando cada vez más en aspectos de rigor estadístico y analítico, y apartándose del aspecto ideológico. Este período se caracterizó por el comienzo de una serie de artículos mucho más favorables a las tesis de la CEPAL[**].

Conviene destacar que la parcial luna de miel de la CEPAL con el Gobierno de los Estados Unidos fue de escasa duración. Pocos años después de la Alianza para el Progreso, particularmente con el asesinato del Presidente Kennedy, en noviembre de 1963, se inicia una nueva etapa durante la cual los Estados Unidos no se opusieron a la CEPAL pero tampoco la apoyaron, más bien pudiera decirse que no la tomaron en cuenta, de benévolo desinterés. Dos reseñas completas

---

muchos economistas, alternativas poco convenientes... Algunos expertos creen de hecho que la Alianza no logrará despegar mientras mantenga su supersticiosa creencia en la planificación gubernamental y en la asistencia estadounidense [...] La evidente falta de apoyo por parte de aquellos pocos acaudalados que disponen de recursos de inversión es tal vez uno de los mayores inconvenientes del programa económico del señor Prebisch. Meses más tarde, el mismo *Wall Street Journal* (en su editorial de 16 de octubre de 1963) afirmaba que [...]"otro aspecto de esta confusión del reformismo consiste en insistir en que las naciones latinoamericanas tracen grandes planes económicos.....como si nuestra propia riqueza fuera el resultado de la planificación estatal. Naturalmente, esto fomenta las tendencias socialistas que ya abundan en la región (latinoamericana). Véase David Pollock, Ob., cit. p. 75.

[**]Es el caso de Werner Baer, *The Economics of Prebisch and ECLA*, en **Economic Development and Cultural Change,** Vol. X. N° 82, enero de 1962; Charles A. Frankenhoff, *The Prebisch Thesis: A Theory of Industrialism for Latin America,* en **Journal of ínter-American Economic Studies**, *Vol.* IV, N° 2, abril de 1962; y especialmente en los artículos de Albert Hirschman, Joseph Grunwald y David Félix en Albert O. Hirschman (ed.) **Controversia sobre Latinoamérica, ensayos y comentarios**, traducción del Centro de Investigaciones Económicas; Editorial del Instituto Torcuato di Tella, Buenos Aires, 1963 (la edición inglesa original es de 1961). El trabajo del profesor Hirschman titulado **Ideologías de desarrollo económico en América Latina** (y en especial el capítulo sobre *La situación actual y la posición dirigente de la CEPAL*) es particularmente expresivo en este sentido. Véase a David Pollock, Ob., cit., pp. 74-75.

desde los puntos de vista de los Estados Unidos y de América latina, de acuerdo con David Pollock, son la obra de Levinson y Onis, *The Alliance that Lost its Way*, y un artículo del expresidente de Chile Eduardo Frei Montalva, también titulado *The Alliance that Lost its Way,* publicado en Foreign Affair, abril de 1967. Posteriormente parece surgir una nueva etapa que se caracteriza por una cautelosa reconsideración por parte de los Estados Unidos, de lo que se percibe como una "nueva CEPAL". A manera de ilustración puede citarse la primera visita hecha por un Secretario de Estado de los Estados Unidos, en este caso, el Secretario Kissinger, a la sede de la CEPAL, en Santiago de Chile, y luego un almuerzo informal de trabajo con el Secretario Ejecutivo, señor Enrique Iglesias y sus principales colaboradores. Finalmente, durante la celebración del trigésimo aniversario de la CEPAL, que tuvo lugar en junio de 1978, el Secretario de Estado Cyrus Vance felicitó, a nombre del Presidente Cárter, al Secretario Ejecutivo y a toda la organización por haber […]"contribuido significativamente a la visión aun cambiante del nuevo orden económico internacional y del desarrollo con equidad y justicia"[…] agregando que en el "Gobierno de los Estados Unidos deseamos apoyar y colaborar estrechamente con sus esfuerzos"[…] En esa misma oportunidad, el Embajador Andrew Young le expresaba: "quiero que sepa que no escatimaré esfuerzos por cooperar con usted y con la comunidad de la CEPAL en la promoción de sus objetivos, porque sé que está comprometido a difundir la libertad y el gobierno según la ley, la justicia social y el desarrollo económico".[28]

En síntesis, en opinión de David Pollock, las relaciones entre los Estados Unidos y la CEPAL, en los primeros 30 años de su existencia, pueden agruparse en cinco períodos. Un primer período de fuertes recelos de los Estados Unidos sobre una posible duplicación de las funciones de la OEA.

---

(28) David Pollock, Ob. Cit., p. 24 y ss.

Temiendo que la nueva comisión económica regional de las Naciones Unidas pudiera desafiar su papel dominante en el seno de la OEA, los Estados Unidos se opusieron, desde un principio, a la creación de la CEPAL. En suma, se habían trazado las condiciones de lo que pronto se convertiría en una relación cada vez más acentuada de confrontación. Durante los diez que siguieron (1948–1958), su segundo período, las reservas se transformaron en una oposición abierta y continua. Un tercer período (1959 –1963), justo antes de la administración Kennedy y durante la misma, que se caracteriza por un vuelco fundamental: "los Estados Unidos dieron a la CEPAL, si no un abrazo, por los menos un apretón de manos". El cuarto período (1963–1973) de "amable indiferencia" o "benévolo desinterés", se produce tras el magnicidio del Presidente Kennedy. Y, un quinto período (1973–1978) de "cautelosa revaluación" por parte de los Estados Unidos, de lo que se percibe como una "nueva CEPAL".

Conviene reiterar, sin embargo, que la lucha ideológica de Prebisch con el centro hegemónico principal se inicia mucho antes de la CEPAL, con la gran depresión de 1929-30 que marca su ruptura total con la escuela neoclásica y su resuelta política de industrialización.

IV. LA IMPORTANCIA DEL "ESTILO", "MODELO" O "PERÍODO DE EXPANSIÓN O DESARROLLO HACIA AFUERA" EN LA HISTORIA DEL SUBDESARROLLO

1. LA DEFINICIÓN DEL "ESTILO", "MODELO" O "PERÍODO DE EXPANSIÓN O DESARROLLO HACIA AFUERA" COMO ESTRUCTURA, COMO RELACIONES DE PRODUCCIÓN REFERENTES AL "SISTEMA CENTRO-PERIFERIA"

Conviene reiterar que *el período, estilo o modelo de expansión o desarrollo hacia afuera*, tal y como aquí lo utilizamos, abarca desde la Revolución Industrial con el proceso de integración de la economía mundial y la nueva división internacional del trabajo, hasta el inicio del *proceso de sustitución de importaciones* que comienza con la primera Guerra Mundial para los países más avanzados de la región (Argentina, Brasil y México). En este mismo sentido lo emplea Raúl Prebisch[1]. Importa subrayarlo porque para Cardoso este período comprende la segunda mitad del siglo XIX.

---

(1) "En el largo período que transcurre desde la Revolución Industrial hasta la primera Guera Mundial, la nuevas formas de producir en que la técnica ha venido manifestándose incesantemente sólo han abarcado una proporción reducida de la población mundial. (Raúl Prebisch, *Crecimiento, desequilibrio y disparidades: interpretación del proceso de desarrollo económico* (Primera parte del *Estudio Económico de la América Latina, 1949,* CEPAL); tomado de la **Lectura N° 46*, La obra de Prebisch en la CEPAL,** Selección de Adolfo Gurrieri en dos partes, de la serie Lecturas de El Trimestre Económico; Fondo de Cultura

"En efecto —indica el autor— los estudios anteriores permiten creer que, en la fase de constitución de los Estados Nacionales y en el momento posterior, **en la segunda mitad del siglo XIX, en la fase que los economistas llaman de 'desarrollo hacia afuera'"**.[2]

Asimismo, tampoco compartimos la opinión de Celso Furtado.

"UNA SERIE de estudios efectuados en el último decenio [1960] permiten ampliar en forma considerable el debate en torno de los problemas fundamentales de la economía brasileña. Cada vez resulta más claro que las generalidades sobre el subdesarrollo, e incluso sobre el 'molde latinoamericano', no constituyen sino una primera aproximación para abordar un proceso histórico de características tan peculiares como el brasileño. Después de haber insistido sobre la especificidad del subdesarrollo y, en particular, sobre la impropiedad de los enfoques 'faseológicos' que tienden a transformarlo en una etapa a realizar, para alcanzar el desarrollo, se hizo hincapié en la necesidad de elaborar tipologías de las economías subdesarrolladas, lo cual exige un conocimiento más completo de la historia de los países en que se manifiesta el fenómeno del subdesarrollo. **A medida que avanzan esos estudios resulta más evidente que los modelos analíticos con los cuales ha trabajado el teórico del subdesarrollo** —sostiene el autor—, **tales como los de 'desarrollo hacía afuera' y el de 'sustitución de importaciones', son de reducido alcance interpretativo. Quizás una de las limitaciones más graves de que se**

Económica, primera edición; Primera parte (El programa inicial en la CEPAL), p. 156; México, 1982.

(2) Fernando H. Cardoso, **Ideologías de la burguesía industrial en sociedades dependientes (Argentina y Brasil);** Siglo veintiuno editores; segunda edición en español, p. 63; México D.F., 1972.

pueda culpar a esos modelos sea que fueron construidos sin un conocimiento adecuado de ciertas estructuras, particularmente las agrarias. Esa observación es válida, sin duda, en el caso del Brasil". [3]

Esta opinión de Furtado, válida para el caso de las estructuras **agrarias** en el Brasil, no lo es cuando se trata de caracterizar las estructuras específicas y dominantes en el subdesarrollo. Y en este sentido, *período, estilo o modelo de expansión o 'desarrollo hacia afuera'; o modelo o estilo de 'sustitución de importaciones'* son comunes a Brasil y a cualquier otro país subdesarrollado.

Por otra parte, los conceptos de "estilos" o "modelos de desarrollo" los estoy empleando referidos, como lo hace Jorge Glaciarena, al concepto de "sistema" y "estructura"[4]; o

---

(3) Celso Furtado, **El subdesarrollo latinoamericano**; Fondo de Cultura Económica, primera edición en español, p. 27; México, 1982. Negritas de JETA.

(4) Jorge Graciarena, *Poder y estilo de desarrollo: una perspectiva heterodoxa* (publicado en la **Revista de la CEPAL, N° 1,** Santiago de Chile, CEPAL, p. 678; primer semestre de 1976. Publicación de las Naciones Unidas, N° de venta: S.76. II.G.2. "Cuando se usó la palabra estilos –apunta el autor- no pocos creyeron que se cerraba una etapa en el proceso de ensayo y error del pensamiento sobre el desarrollo basado en posiciones valorativas e ideológicas y en una terminología obsoleta, y que se abría hacia el futuro una ancha y promisoria avenida. No ha sido así, y viejos problemas se vaciaron en un nuevo molde sin que eso significara otra cosa que un cambio nominal. Cuando se mencionan los estilos (o modelos) de desarrollo en seguida se suscitan varias preguntas fundamentales: ¿Cuál es su sentido, o sea a qué cosa de la realidad se refiere este concepto? ¿En qué posición del campo teórico sobre los procesos de desarrollo se inserta? ¿Cuáles son sus elementos fundamentales y secundarios, y qué clase de relaciones hay entre ellos?[...] ¿cuál es el método más adecuado para tratar con los problemas que involucra? Las preguntas no terminan aquí, pero las indicadas bastan para señalar las direcciones principales de nuestras dificultades cuando se examinan los varios documentos y trabajos emanados del proyecto sobre el enfoque unificado.[...]. Un problema no menos importante pero naturalmente más formal –agrega en otro lugar- es el del *nivel de análisis.* Hay bastante confusión en la posición metodológica subyacente en la idea de estilo, pues según se mostró páginas atrás, el concepto alude con frecuencia a situaciones

para decirlo con Anibal Pinto, "coincido casi enteramente con una de las definiciones propuestas por J. Graciarena, según la cual estilo sería 'la modalidad concreta y dinámica adoptada por un sistema en un ámbito definido y en un momento histórico determinado'".[5]

"No comulgo con su apreciación –subraya Pinto– de que 'esta proposición se refiere más bien a una estructura (o a una formación social) que a un estilo'. Para mí, su referencia al 'ámbito' debe entenderse, precisamente, como una consideración del hecho estructural del complejo 'desarrollados-subdesarrollados' al que aludimos anteriormente.[6]

En síntesis, los conceptos de **estilos** o **modelos** lo utilizamos aquí como *estructuras*, como *relaciones de producción* referidas al **"sistema centro-periferia"**, y específicamente a las tres fases con estructuras diferentes de la evolución del subdesarrollo: 1) al **"período", "estilo"** o **"modelo de desarrollo hacia afuera"**; 2) al **"período", "estilo"** o **"modelo de desarrollo hacia adentro"** o **"de sustitución de importaciones"**; y 3) al **"período", "estilo"** o **"modelo de internacionalización del mercado interno"**; tres **"estructuras"** distintas del **"sistema centro-periferia"**.

---

potenciales o concretas de muy diverso rango. Así sucede, por ejemplo, cuando se habla de un estilo 'mundial', de otro 'nacional', para referirse finalmente a situaciones de alcance más limitado que corresponden al orden de las estrategias circunstanciales. De esta manera el estilo aparece a veces como un sucedáneo de sistema (capitalista, socialista), de estructura o de régimen; en otras ocasiones, en cambio, sería algo parecido a una fase en el proceso de desarrollo, como cuando se habla de desarrollo hacia afuera', de 'sustitución de importaciones' o de 'internacionalización del mercado', que podrían ser (y han sido) señalados como estilos prevalecientes de desarrollo (económico y político)". (Íbid., p. 665-666 y 678).

(5) Anibal Pinto, *Notas sobre estilos de desarrollo: origen, naturaleza y esquema conceptual*; en **Revista Paraguaya de Sociología**; Año 29, N° 84; p. 597; mayo-agosto de 1992..

(6) Anibal Pinto, Ob.cit. p. 597.

En la primera de estas fases surgen y se desarrollan las clases sociales específicas del subdesarrollo. De allí su importancia histórica.

Nos toca, por tanto, ocuparnos ahora de la cuestión teórica del problema, es decir, explicar desde el punto de vista de la Economía Política ¿de dónde surgen las clases sociales específicas del subdesarrollo y en qué consisten sus rasgos característicos? La respuesta acertada a estas preguntas nos permitirá entender por qué razón el sistema capitalista no siguió en las economías periféricas el camino de desarrollo previsto por Marx[7]. El problema no ha sido atacado por ningún autor y los avances en el estudio de las clases sociales específicas al fenómeno se han limitado a la constatación histórica prescindiendo de la etiología de su naturaleza real. No es casual, por ello, que Cardoso y Faletto hayan insistido en el planteamiento del problema.

*"El reconocimiento de la historicidad de la situación del subdesarrollo —subrayan— requiere algo más que señalar las características estructurales de las economías subdesarrolladas. Hay que analizar, en efecto, como las economías subdesarrolladas se vinculan históricamente al mercado mundial y **la forma en que se constituyeron los grupos sociales** (debió decirse las clases sociales) **internos que lograron definir las relaciones hacia afuera que el subdesarrollo supone"**.[8]*

Veamos, pues, cuáles son las premisas teórico-históricas que explican la aparición de las clases sociales específicas del subdesarrollo.

---

(7) Marx sostenía que, "los países industrialmente más desarrollados no hacen más que poner delante de los países menos progresivos el espejo de su propio porvenir"(C. Marx, **El Capital,** Tomo I, Ediciones Venceremos, La Habana, 1965, p. XXII).

(8) Fernando Henrique Cardoso y Enzo Faletto, **Dependencia y Desarrollo en América Latina,** Siglo XXI, ed. 2a.; pp. 23-24; México, 1970. Cursivas de JETA.

2. LAS PREMISAS TEÓRICO-HISTÓRICAS QUE EXPLICAN LA APARICIÓN DE LAS CLASES SOCIALES ESPECÍFICAS DEL SUBDESARROLLO

La integración de la economía mundial y el surgimiento de lo que he denominado la **monoproducción**[9], como régimen peculiar de producción social trastocó profundamente las condiciones virtuales para el desarrollo normal del capitalismo en la periferia. La vinculación de estas economías al mercado mundial, particularmente al mercado inglés, que impuso la nueva división internacional del trabajo suscitó

---

(9) El concepto **monoproducción** se utiliza aquí, con el mismo sentido que las Naciones Unidas emplean la expresión "concentración de las exportaciones en un número pequeño de productos primarios". Se trata, pues, de caracterizar con este concepto **no tanto** la producción o exportación de un solo producto, como la **tendencia histórico-natural** de los países subdesarrollados a mantenerse como **apéndice** de los grandes centros industriales, o para ser más exactos, como productores de un número reducido de productos primarios para el mercado mundial. Sólo en este sentido son **monoproductores. Nos referimos, por tanto, a la producción de productos primarios para el mercado mundial y no para el mercado interno,** es decir, a la situación que le asigna a estos países la nueva división internacional del trabajo que implanta la Revolución Industrial al integrarse la economía mundial. Importa subrayarlo porque el concepto **monoproducción** en su sentido literal significa producción de un solo producto. Lo que, por otra parte, no quiere decir, de ninguna manera que no existan formas puras de monoproducción. En **1957,** por ejemplo, el azúcar constituía el **99%** del valor de las exportaciones de la Isla Mauricio; en **1958,** del valor total de las exportaciones, al petróleo le correspondía el **99%** en las Antillas Neerlandesas, el **92%** en Irak y el **91%** en Venezuela (Véase "Convenios Internacionales sobre productos básicos", preparado por el profesor J. E. Meade, en *Actas de la Conferencia de las Naciones Unidas sobre Comercio y Desarrollo,* Ginebra 23 de marzo -16 de junio de 1964, **Vol. III, Intercambio de Productos** (E/CONF.46/141/ Vol.III). Como vemos, el contenido del concepto no expresa con exactitud su sentido etimológico. Es el problema de la imprecisión de las categorías que se repite en todas las ciencias cuando surgen fenómenos nuevos. Muchas veces a la ciencia no le queda más recurso que manejar conceptos y categorías que no son, por su inexactitud, los más adecuados para fijar los nuevos fenómenos. Sin embargo, el concepto monoproducción, que no escapa a esta dificultad, nos parece la categoría más apropiada para referirnos a este sujeto.

inevitablemente, en esta parte del planeta, el desarrollo **independiente** del capital en los extremos de la producción, es decir, el desarrollo **autónomo** del capital comercial y del capital industrial. La absolutización del capital en sus extremos es la base teórica que explica, por una parte, el surgimiento y la evolución de las clases específicas del subdesarrollo, sus rasgos característicos, y, por la otra, la atrofia y el capitalismo deformado de la periferia.

El desarrollo independiente del capital comercial dio origen a la **burguesía comercial importadora,** en tanto que del desarrollo autónomo del capital industrial floreció la **burguesía exportadora.** El conjunto de estos grupos que yo he denominado la **oligarquía moderna,** venía a ser la **expresión social** del régimen monoproductor, es decir, de aquel régimen que servía de **vaso comunicante** entre la periferia y el centro.

En la historia y en el desarrollo **proverbial** del capitalismo el capital comercial ha jugado un rol importante. Marx ha analizado profundamente en El Capital la importancia y la función de este elemento sustantivo.

*"Dentro del régimen capitalista de producción —es decir, tan pronto como el capitalista se apodera de la producción misma y le imprime una forma completamente nueva y específica—, el capital comercial aparece simplemente como capital destinado a una función **específica** [...]El capital comercial deja de tener como antes una existencia propia e independiente para convertirse en un aspecto especial de la inversión de capital en términos generales, y la compensación de las ganancias se encarga de reducir su cuota de ganancia a la cuota de ganancia general. Ahora el capital comercial actúa simplemente como agente del capital industrial. Aquí ya no constituyen un factor determinante los estados sociales espe-*

ciales que se crean con el desarrollo del capital comercial: por el contrario, allí donde predomina este tipo de capital imperan estados sociales anticuados [...] En la historia moderna inglesa los comerciantes en sentido estricto y las ciudades comerciales se presentan también como factores políticamente reaccionarios y aliados a la aristorcracia terrateniente y financiera en contra del capital industrial. No hay que fijarse, por ejemplo, en el papel político desempeñado por Liverpool frente a Manchester y Birmihgham. El capital comercial y la aristocracia financiera (moneyed interest) de Inglaterra no reconocieron íntegramente la hegemonía del capital industrial hasta que no se abolieron los aranceles sobre el trigo, etc. El desarrollo independiente y predominante del capital como capital comercial equivale a la no sumisión de la producción al capital y, por tanto, al desarrollo del capital a base de una forma social de producción ajena a él e independiente de él. El desarrollo independiente del capital comercial se halla, pues, en razón inversa al desarrollo económico general de la sociedad"[(10)]*.

Por tanto, bajo el régimen de producción capitalista, el capital comercial deja de tener existencia propia e independiente para convertirse en simple agente del capital industrial. Este condiciona el desarrollo de aquel y entre ambos se establece una relación recíproca de mutua correspondencia que permite el desarrollo normal del sistema, es decir, de la esfera de la producción y de la esfera de la circulación. La armonía entre estas esferas garantiza el crecimiento sano y vigoroso de todo el sistema.

Ahora bien, la polarización del desarrollo absoluto del capital en sus extremos, rompe la armonía entre las dos esferas de la producción, al tiempo que provoca el desarrollo

______

(10) Carlos Marx, **El Capital, Editorial Nacional de Cuba, Vol III,** pp. 347-348; La Habana, 1963.

atrófico de todo el régimen de producción. Marx percibe con claridad en su obra la patogenia que va unida al desarrollo independiente del capital comercial.

[...]"Acerca del modo como actúa el capital comercial allí donde domina directamente la producción –nos dice en un pasaje de El Capital—, tenemos un testimonio palmario no sólo en la economía colonial en general (en el llamado sistema colonial), sino muy especialmente en la economía de la antigua compañía holandesa de las Indias Orientales "[11].

"Allí donde predomina este tipo de capital imperan estados sociales anticuados". El subdesarrollo es precisamente uno de estos tipos de estados sociales anticuados.

No es difícil comprender que las características de las clases sociales específicas del subdesarrollo, de lo que he denominado la **oligarquía moderna,** se desprenden del desarrollo absoluto del capital en sus extremos, es decir, del desarrollo independiente y autónomo del capital comercial y del capital industrial.

Los estados sociales anticuados que surgen en la periferia del sistema capitalista al integrarse la economía mundial e implantarse la nueva división internacional del trabajo se distinguen, sin embargo, de aquellos estados sociales anticuados que son propios de la prehistoria del régimen capitalista de producción. Estas diferencias podemos resumirlas en los siguientes puntos:

1) Mientras en la prehistoria del capital los estados sociales anticuados aparecen como forma histórica especial del capital mucho antes de que éste someta a su imperio la misma producción, la existencia de los estados sociales atra-

---

(11) Carlos Marx, Ob. cit., p. 350.

sados, propios del subdesarrollo, brotan tan pronto como el capital se apodera de la producción y le imprime una forma completamente nueva y específica, es decir, tan pronto se instaura la gran industria maquinizada que implanta la Revolución Industrial.

2) Si en los estadios preliminares de la evolución capitalista los estados sociales anticuados se crean como consecuencia del desarrollo independiente y autónomo del capital comercial, en la fase de la integración de la economía mundial y de la formación del subdesarrollo, aquellos estados anómalos que surgen en la periferia del sistema no sólo se originan por el desarrollo predominante del capital comercial sino por la **transfiguración retardataria del capital industrial.** Al llegar a este punto nos encontramos con el desarrollo autónomo e independiente del capital en sus extremos, es decir, con la polarización del desarrollo absoluto del capital comercial y del capital industrial. El capital destruye la relación interna entre las dos esferas de la producción y se escapa del mercado nacional para vincularse al mercado mundial.

3) Inversamente a lo que ocurría en la prehistoria del capital donde el desarrollo independiente del capital comercial y por tanto de los estados sociales anticuados que engendra, constituían un freno a la evolución normal del capitalismo, el desarrollo absoluto del capital comercial e industrial y los estados sociales regresivos que procrea en la periferia no son más que la condición **sine qua non** de su desarrollo ulterior.

Como consecuencia de los puntos anteriores, las modificaciones que experimenta la relación entre el capital comercial y el desarrollo económico general de la sociedad descubierta por Marx, podemos expresarla en la siguiente ley. **El desarrollo autónomo e independiente del capital comercial e industrial en la periferia del sistema capitalis-**

ta, se halla en razón directa al desarrollo del capitalismo industrial en los centros y en razón inversa al desarrollo económico general de la sociedad.

De todo lo que hemos expuesto se puede inferir que, las clases sociales "específicas" del subdesarrollo, **la burguesía comercial importadora y la burguesía exportadora,** es decir, las clases que conforman lo que he denominado la **oligarquía moderna,** surgen con el desarrollo absoluto e independiente del capital comercial y del capital industrial en la periferia; que estas clases no son más que la **expresión social** de la monoproducción, o sea, del **régimen de producción peculiar** que implanta la nueva división internacional del trabajo al integrarse la economía mundial. Si bien es cierto que el desarrollo autónomo del capital comercial, y, por tanto, de la burguesía comercial, se nos presenta ya en la prehistoria del capital no es menos cierto que la forma acabada y brutal de esta absolutización del capital es una **característica específica de la fase de la gran industria maquinizada. Es allí donde el desarrollo independiente y autónomo del capital en la periferia se convierte en ley del desarrollo del centro organizado como campo de producción industrial.**

3. HACIA UNA PRECISIÓN DEL CONCEPTO "OLIGARQUÍA" EN AMÉRICA LATINA: DE LA "OLIGARQUÍA MODERNA" A LA "OLIGARQUÍA TRADICIONAL"

De todo lo que hasta aquí hemos desarrollado, no es difícil analizar los aciertos y desaciertos de la teoría de la CEPAL sobre el período de expansión hacia afuera y la formación de las clases sociales específicas del subdesarrollo.

En el caso de Prebisch es evidente su acierto en distinguir el **"período", "estilo" o "modelo de desarrollo hacia afuera"**, del **"período", "estilo" o "modelo de desarrollo hacia adentro" o "de sustitución de importaciones"**. He aquí algunas diferencias sustantivas.

"Las diferencias entre el tipo de desarrollo presente y el pasado son bien manifiestas cuando se comparan las características del proceso que acontece ahora con los fenómenos que ocurrían en el siglo pasado y primeros decenios del presente. No hay, por cierto, una línea divisoria clara y neta entre ellos. Las formas actuales de desarrollo se inician de mucho tiempo atrás en algunos países latinoamericanos, llevados por la propia dinámica de su economía, mientras que en otros comienzan en tiempos más recientes. Pero en todos ellos **fueron contingencias exteriores como las guerras mundiales y la gran crisis económica, las que contribuyeron a despertar o intensificar el proceso y sedimentar progresivamente las ideas de desarrollo [...] Ambos tipos de desarrollo difieren en el objetivo que persiguen, en la extensión que toman y en la forma en que se cumple el proceso. Mientras el desarrollo pretérito tenía primordialmente en mira las necesidades de productos primarios de los grandes centros industriales, el de ahora tiene por propósito elevar el nivel de consumo de los países en que acontece. En un caso la exportación es el instrumento para conseguir toda suerte de importaciones de productos manufacturados; en el otro, es el instrumento para lograr el progresivo desenvolvimiento de su producción interna.** *En aquél, la técnica productiva moderna se limitaba en general a penetrar en las actividades vinculadas directa o indirectamente a la exportación, en tanto que en el proceso actual el progreso técnico trata de extenderse a todas las ramas de la actividad para lograr ese aumento en el nivel de consumo mediante la adaptación de las formas de producir de los*

países más desarrollados [...]Los países más desarrollados, al invertir capitales en la producción primaria de los menos desarrollados, lo hacían para satisfacer en forma más económica su propio consumo. En el desarrollo de ahora, por el contrario, la mayor parte de la capitalización ha de salir del propio ahorro de los países en desarrollo para elevar el consumo de sus masas de población. **La inversión extranjera, que antes era el elemento principal, pasa a ser ahora elemento suplementario, si bien de considerable importancia. Los grupos dirigentes de antes se eximían, por tanto, de la necesidad de capitalizar en las actividades vinculadas a la exportación y podían dedicar sus altos ingresos al consumo, adoptando las formas de existencia de los grandes países; de este modo se extienden progresivamente a ellos las formas de cultura y los refinamientos de la civilización europea, con muy lenta irradiación a las capas más densas y profundas de la vida popular".**[12]

Ciertamente que si aquí Prebisch pasa por alto el análisis de las clases específicas del subdesarrollo, no es menos cierto que establece una clara diferencia entre el *estilo* o *modelo de expansión hacia afuera* y el *estilo* o *modelo de expansión hacia adentro.*

En lo que concierne a las clases sociales específicas del subdesarrollo, he aquí las diversas concepciones de la oligarquía moderna.

"La historia política de América Latina —subraya Cardoso— ha estado dominada por el concepto de oligarquía, concepto que precisamente hace hincapié en el pacto entre

---

(12) Raúl Prebisch, *Problemas teóricos y prácticos del crecimiento económico;* tomado de la **Lectura 46 (La obra de Prebisch en la CEPAL**, selección de Adolfo Gurrieri en dos partes), de la Serie de Lecturas de El Trimestre Económico; Fondo de Cultura Económica, primera edición; Primera parte (El programa inicial en la CEPAL); pp. 248-250; México, 1982. Negritas de R.P.

el sector moderno exportador más desarrollado y el más retrasado" [...][13]*. En otro lugar remarca: [...] "La oligarquía (repetimos, la alianza entre los grupos agro-exportadores capitalistas y los propietarios de latifundios de baja productividad) soportó con gran éxito las presiones 'de abajo'"* [14] *"El propio proceso de independencia —sostiene en otro lugar— fue resultado de la acción de los grupos agro-exportadores que, al romper los vínculos políticos con Portugal o con España, mantuvieron el control del sistema productivo interno y reorganizaron sus vinculaciones en el mercado internacional orientándolas en la dirección del centro hegemónico entonces imperante en el mundo capitalista: Inglaterra"*[15].

Esta posición nos parece completamente errónea. No se puede incluir en la oligarquía moderna a los grandes propietarios latifundistas de baja productividad, pues estas clases representan el feudalismo, mientras que las clases específicas del subdesarrollo son hijas del capitalismo moderno, de la Revolución Industrial. Además, la oligarquía moderna y los grandes propietarios latifundistas de baja productividad se enfrentan, inmediatamente después de la independencia en una lucha cruenta, en la guerra entre liberales y conservadores que en algunos países de la región como Colombia, abarca casi todo el siglo XIX. Mal podrían entonces formar una alianza de clases. Por otra parte, Cardoso no incluye en la oligarquía moderna a la burguesía comercial importadora,

---

(13) Fernando H. Cardoso, *"Presentación de los comentarios y discusiones de la cuarta y quinta sesiones",* en **Las clases sociales en América Latina. Problemas de conceptualización** (Seminario de Mérida, Yucatán) Instituto de Investigaciones Sociales, U.N.A.M.; coordinado por Raúl Benítez Zenteno, Siglo XXI, la. Ed. p. 426, México, 1973.

(14) Fernando H. Cardoso, **Ideologías de la burguesía industrial en sociedades dependientes** (Argentina y Brasil); Siglo XXI; 2a. Ed. p. 109; México, 1972

(15) Íbid., p. 63.

sin la cual no es posible entender la primera mitad del siglo XIX, particularmente la independencia iberoamericana. Contrariamente a lo que sostiene el autor, la independencia latinoamericana no fue resultado de la acción de los grupos agro-exportadores, sino de la lucha de los comerciantes importadores, es decir, de la burguesía comercial importadora por la libertad de comercio.

En su crítica a la definición de Cardoso, Ernest Mandel subraya:

"La definición tradicional de la oligarquía como una alianza entre fuerzas de clases poseedoras pre-capitalistas, semi-capitalistas (el autor se refiere a los grupos agrario-exportadores —JETA—) y capitalistas (capital-compradore) autóctonos con el capital extranjero parece más satisfactoria"[16].

Sin embargo, Mandel, como vemos, repite el mismo error de Cardoso. El avance aquí, consiste en la incorporación de la burguesía comercial-importadora en la composición de la oligarquía moderna.

Una variante distinta, con algunos puntos similares, la encontramos en Jorge Graciarena. Las ideas fundamentales de este autor podemos resumirlas en los siguientes párrafos:

Las " 'oligarquías nacionales de exportación' [...] en general corresponden al período de 'desarrollo hacia afuera' y se basan por lo tanto en la producción y exportación de productos primarios.[...] Las fuentes de poder [...] siguen siendo rurales, aunque los latifundistas vivan en las ciuda-

---

(16) Ernest Mandel, *Clases sociales y crisis política en América Latina,* en la Revista **Economía Política** del Instituto de Investigaciones Económicas y Sociales de la Universidad Nacional Autónoma de Honduras, No. 12, p. 96.

des "[17]. Las "oligarquías latifundistas [...] están basadas en la gran propiedad agraria semifeudal que produce para la exportación ganado o productos agrícolas: es el caso del gamonal peruano, del gran fazendeiro brasileño y del estanciero rioplatense "[18].

Los desaciertos de esta postura son evidentes. En primer lugar, la oligarquía moderna, como ya señalamos, no puede reducirse a los grupos exportadores. Este es solamente uno de sus componentes. No es legítimo excluir, bajo ninguna razón, a los comerciantes importadores, es decir, a la burguesía comercial importadora, de este concepto. Por tanto las fuentes de poder se originan de una base urbana y rural. En segundo lugar, es incorrecto sostener que los exportadores (es el caso del gamonal peruano, del gran fazendeiro brasileño y del estanciero rioplatense) forman una oligarquía latifundista, aunque la organización de la producción, particularmente, las relaciones de producción tengan un carácter semifeudal. La oligarquía moderna que nace vinculada orgánicamente a la monoproducción y, por consiguiente, al proceso de integración del mercado mundial, es hija del capitalismo moderno. Como tal es siempre una **oligarquía burguesa.** El **carácter burgués** de esta oligarquía lo determina, por tanto, su vínculo congènito con el mercado mundial y el desarrollo capitalista. Es por eso que no obstante las relaciones **esclavistas** de las plantaciones algodoneras que existieron en el sur de los Estados Unidos, como las relaciones **semifeudales** de las plantaciones de la United Fruit Company, estas plantaciones son eminentemente burguesas. Este problema ya lo había resuelto Marx en la década del cincuenta del siglo pasado.

---

(17) Jorge Graciarena, **Porder y clases sociales en el desarrollo de América Latina,** Editorial Paidos; p. 64 y 57; Buenos Aires, 1967.

(18) Íbid., p. 65.

"Si hoy —afirmaba refiriéndose a los esclavistas del sur de los Estados Unidos— no solamente llamamos a los plantadores de América capitalista sino que lo son, eso se debe al hecho de que ellos existen como anomalías en el seno de un mercado mundial fundado en el trabajo libre"[19]. De allí la razón que le asiste a Pinto cuando afirma: "Es indudable que a los sectores que afloran junto a la clase terrateniente (y que comúnmente se asocian con ella) puede llamárseles burguesía"[20].

Planteadas las cosas de esta manera, la posición de Mandel nos parece indefendible. Aludiendo a la definición de Cardoso este autor apunta:

*"No se puede aceptar como cosa que cae de su peso la definición de esta antigua oligarquía como 'burguesía agrario exportadora' y una clase de propietarios territoriales (terratenientes). **El hecho de exportar mercancías al mercado mundial, en simbiosis con firmas imperialistas, no basta en absoluto para justificar la etiqueta de capitalistas.** Hay que comenzar por definir las relaciones de producción que han permitido producir las mercancías exportadas. Cuando estas relaciones de producción son mixtas, híbridas y combinadas, nos las habernos con una clase dominante, híbrida ella misma que merecería cuando más la etiqueta de semicapitalista"[21].*

Como vemos Mandel abandona la concepción de Marx sobre este punto. Importa señalar que Engels compartía la misma opinión: En 1862 le escribía:

---

(19) Centro d'Etudes et de Recherches Marxistes, **Sur les sociétés précapitalistes;** Editions Sociales, p. 224; París, 1970.

(20) Aníbal Pinto Santa Cruz, **Chile un caso de desarrollo frustrado;** Editorial Universitaria, pp., 38-39; Santiago de Chile, 1969.

(21) Ernest Mandel, Ob. cit., p. 96. Cursivas de JETA.

[...]"Yo estoy [...] convencido de la naturaleza burguesa de los plantadores"[...][22].

Algunos estudiosos de la CEPAL como Celso Furtado y Osvaldo Sunkel consideran indispensable distinguir lo que denominan **oligarquía feudal (aristocracia terrateniente, clase latifundista, grandes propietarios y hacendados tradicionales)** vinculada a la **clase comerciante urbana** (a los representantes del monopolio comercial que impuso España en América desde comienzos del siglo XVI) de la burguesía exportadora-importadora que surge del proceso de integración de la economía mundial.

"Al lado de la oligarquía feudal, volcada en los grandes dominios –indica Furtado–, existió tradicionalmente en el país una clase comerciante urbana. En la época colonial ésta estaba principalmente constituida por portugueses nacidos en la metrópoli. Con la independencia ocurrió una evolución. Parte de la referida clase se ligó a los intereses ingleses, que en aquella época detentaban el control de las operaciones de importación y exportación, y asumió una fisonomía cosmopolita. Otra parte, de preferencia en las regiones nuevas, como las del café, se volcó al sector agrícola, actuando como elemento de vinculación entre los mercados externos, para entonces en expansión, y los sectores rurales, que tendían a aislarse. En este segundo caso vendría a formarse una burguesía que no solamente controlaría las transacciones comerciales y financieras de exportación y de importación sino que también se vincularía a las actividades agrícolas. A esa burguesía correspondieron las primeras iniciativas de establecer los ferrocarriles cafetaleros, de

---

(22) **Oeuvres Complètes de Carl Marx**, *«Correspondance K. Marx-Fr. Engels»*, Colección publicada por A. Babel y Ed. Berenstein, en edición de Alfred Costés, Tomo VIII, pp. 109-110; Paris, 1934.

fomentar la inmigración de origen europeo y otras medidas similares". [23]

"Otro hecho nuevo que introduce una variante importante en la estructura social de la colonia —sostiene, por su parte, Sunkel— es la aparición y/o fortalecimiento de nuevos grupos, particularmente los importadores y comerciantes extranjeros, sobre todo ingleses. Éste es un elemento significativo en los países que ya habían desarrollado desde antes de la emancipación vinculaciones de alguna importancia con Inglaterra, las que se fortalecen y amplían durante el proceso de la independencia y posteriormente. En países como Argentina y Chile, el comercio de exportación e importación pasa en gran parte de manos criollas o españolas a manos inglesas, como consecuencia de la apertura de los puertos, exigida por Gran Bretaña como condición para el reconocimiento de los nuevos estados". [24]

Esta posición de distinguir lo que denominan la **oligarquía feudal** (aristocracia terrateniente, clase latifundista, grandes propietarios y hacendados tradicionales) vinculada a la **clase comerciante urbana** (a los representantes del monopolio comercial que impuso España en América desde comienzos del siglo XVI) de la **burguesía exportadora-importadora** que surge del proceso de integración de la economía mundial, me parece acertada y una forma de contribuir a la precisión de las clases oligárquicas en América Latina.

---

(23) Celso Furtado, *Brasil: De la República oligárquica al Estado militar;* en **Brasil hoy,** Siglo veitiuno editores, primera edición en español; p. 3-4; México, 1968.

(24) Osvaldo Sunkel y Pedro Paz, **El Subdesarrollo latinoamericano y la teoría del desarrollo;** Siglo XXI Editores, S.A., primera edición; p. 302; México, 1970.

La falta de rigor en el uso del concepto **oligarquía** ha conducido a ciertos autores a negar la validez científica del concepto y a pronunciarse, inclusive, por su eliminación.

"En lo que concierne al análisis de las clases dominantes —sostiene, por ejemplo, Agustín Cuevas en su comentario a una ponencia de Torres Rivas–, quisiera sugerir, por último, que se descarte de una vez por todas el concepto de 'oligarquía', término que en lugar de facilitar el análisis sociopolítico lo dificulta. En la ponencia misma, este concepto aparece utilizado para referirse a por lo menos cuatro situaciones distintas: la de la aristocracia terrateniente ecuatoriana o boliviana, que en rigor ni siquiera es (o fue) una clase del modo de producción capitalista; la de la burguesía agromercantil, de Guayaquil por ejemplo; la de la burguesía minera de Bolivia; la del bloque en el poder de varios países, único caso para el que quizá sea pertinente retener el término. Y no se trata –agrega Cuevas– de una sutileza teórica, sino de la necesidad de elaborar instrumentos conceptuales más precisos, que nos permitan descubrir, por ejemplo, la lógica de clase subyacente en la espantosa crisis política del Ecuador en los años 30, lógica imposible de captar si se comienza por enviscar a las clases y fracciones dominantes en el ambiguo concepto de 'oligarquía'".[25]

Ésta me parece una posición inapropiada. El propio autor lo reconoce implícitamente en una obra posterior intitulada **El desarrollo del capitalismo en América Latina** (ensayo de interpretación histórica), 1ª. Ed.; México, 1977; en la que, a pesar de la opinión aquí vertida, utiliza el concepto de "oligarquía" para referirse a distintas situaciones.

---

(25) Agustín Cuevas, *Comentario a la ponencia de Edelberto Torres Rivas* "Notas sobre la crisis de la dominación burguesa en América Latina", en **Clases sociales y crisis política en América Latina** (Seminario de Oaxaca), organizado por el Instituto de Investigaciones Sociales de la U.N.A.M., coordinado por Raúl Benítez Zenteno; Siglo XXI, 1a. Ed.; pp. 107-108; México, 1977.

Así, por ejemplo, los capítulos 5, 7 y 8 se intitulan: "El desarrollo oligárquico dependiente del capitalismo", "el Estado oligárquico" y "la lucha de clases y la transformación de la sociedad oligárquica".

Es evidente, por tanto, que no es mediante la eliminación de conceptos como el de "oligarquía", tan útil en el análisis de las clases sociales específicas del subdesarrollo, como superaremos las insuficiencias del instrumental conceptual del que hoy disponemos, sino a través de su correcta y adecuada elaboración

Desde esta perspectiva coincidimos con el punto de vista de Torres Rivas.

"El concepto de oligarquía (con o sin comillas) se revela casi como vacío de contenido histórico si su uso no está definido previamente y articulado a una etapa del desarrollo latinoamericano. Unos hablamos de oligarquía pensando en la vieja burguesía rural, la clase agraria que vivió y todavía se vigoriza con el comercio de exportación de productos primarios; otros hablaron de la vieja y la nueva oligarquía y, con cierta razón, hubo quien defendió el adjetivo oligárquico como un mero estilo político, como una conducta de poder".[26]

De allí la importancia de la diferenciación que introducen autores como Furtado, Sunkel y otros, en la utilización del concepto **"oligarquía"**. Sin esta diferenciación es imposible comprender la historia moderna de América Latina, particularmente la estructura y la lucha de clases en el siglo XIX y en lo que va del siglo XX. Es por eso que al utilizar el

---

(26) Edelberto Torres Rivas, *Historia y estructura en el Seminario de Oaxaca (comentario final al seminario),* en Íbid., p. 392.

concepto de "oligarquía", distingo la **oligarquía moderna** de la **oligarquía tradicional.**

Los graves errores que en la historiografía latinoamericana impiden la comprensión de nuestra historia moderna y contemporánea se deben, en gran parte, a la falta de rigor y precisión tanto en el análisis de estos grupos sociales y de las clases que los integran como al uso inapropiado de los conceptos y categorías que los designan.

Veamos algunos ejemplos.

"El análisis histórico demuestra —subraya Cardoso— que la independencia la hizo la fracción de las clases dominantes más profundamente vinculada a los intereses dinámicos del capitalismo, es decir, el grupo agro-exportador y no el grupo latifundista"[27]. *"Sería equivocado pensar —apuntan en otro lugar Cardoso y Faletto, refiriéndose al caso de Colombia— que la lucha liberal conservadora del siglo XIX expresa una oposición entre los sectores terratenientes-señoriales, por un lado, y los sectores burgueses-capitalistas por el otro"*[28].

Esta primera interpretación, como ya vimos, me parece desafortunada. Sin minorar la importancia de los grupos exportadores, la independencia, en realidad, fue encabezada por los comerciantes criollos de las ciudades puertos del Continente. En todo caso, es improbable concebir el movimiento de independencia sin la participación de la **burguesía comercial**

---

(27) Fernando H. Cardoso, *Presentación de los comentarios y discusiones de la cuarta y quinta sesiones*, en **Las clases sociales en América Latina. Problemas de conceptualización** (Seminario de Mérida, Yucatán) Instituto de Investigaciones Sociales, U.N.A.M.; coordinado por Raúl Benítez Zenteno, Siglo XXI, la. Ed. p. 426, México, 1973.

(28) Fernando H. Cardoso y Enzo Faletto, **Dependencia** y **Desarrollo en América Latina,** Siglo XXI, 6a. ed., p. 75; México 1972.

criolla de estas ciudades. No es exacto, por tanto, asentir que la independencia la hizo el grupo agro-exportador.

De igual modo, tampoco es un acierto la segunda afirmación del párrafo. La lucha entre liberales y conservadores que se ventila tanto en Colombia como en casi todos los países de América Latina, no es más que la expresión política, como sostiene Sunkel, de la lucha entre la **oligarquía tradicional** y la **oligarquía moderna.** En este punto estamos completamente de acuerdo con este autor.

*"Los liberales —*señala Sunkel*— influidos por las ideas predominantes en Europa y Estados Unidos, y ajenos con frecuencia a la realidad de sus propios países, constituyen en parte un grupo intelectual y que en parte también representa los intereses de los **exportadores agrícolas y mineros, así como los vinculados al comercio y las finanzas exteriores, que en gran medida están en manos inglesas.** Los conservadores expresan los intereses que tratan de mantener un modelo que podría denominarse "mercantilista-nacional", una prolongación del sistema colonial luego de la independencia política. Se apoyan sobre la propia burocracia formada durante el período colonial; sobre los comerciantes privilegiados durante el mismo y los grandes propietarios y hacendados tradicionales, cuya forma de organización paternalista dentro de la hacienda aparece como incompatible con las concepciones liberales de contrato, de trabajo, de igualdad ante la ley y de libertad individual".* [29]

Los errores de interpretación de Cardoso y Faletto derivan, en nuestra opinión, de la imprecisión de los conceptos de oligarquía tradicional y oligarquía moderna, de la falta de

---

(29) Osvaldo Sunkel y Pedro Paz, **El Subdesarrollo latinoamericano y la teoría del desarrollo;** Siglo XXI Editores, S.A., primera edición; p. 302; México, 1970. (Negritas de JETA)

comprensión de la naturaleza de estas clases y del papel que juegan en el proceso de independencia de América Latina.

Ahora bien, el triunfo del liberalismo en América Latina, particularmente en México, representa el triunfo político de la oligarquía moderna, es decir, el desplazamiento social de la aristocracia terrateniente que mantuvo el poder durante la primera fase de la vida republicana. Sin embargo, esto no implicó, ni mucho menos, el desgarramiento social ni la eliminación del latifundio, es decir, la transformación de la estructura económica que servía de base a los grandes terratenientes[30]. Sobrada razón le asiste a Aníbal Pinto cuando indica que "entre estas facciones económicas hay diferencias y roces, pero no contradicciones profundas"[...][31].

"El latifundio tradicional –agrega por otra parte Furtado– *de economía principalmente de subsistencia, será siempre marginal en el sistema de poder que se formó en Brasil. Sin embargo, como la nueva agricultura de exportación se estructura en grandes unidades, se establece entre ella y*

---

(30) El propósito explícito de las reformas liberales consistió en liberar la tierra de todas las trabas legales y consuetudinarias que impedían su dominio útil. Se iniciaron con el golpe de muerte a la institución económica más poderosa del viejo régimen: los intereses seculares de la iglesia. Las medidas contra la iglesia cumplían, además, un propósito político: debilitar el poder temporal más importante que obstaculizaba la consolidación del nuevo régimen. Del conjunto de disposiciones de la nueva constelación del poder, la más inmediata fue la supresión de los diezmos a favor de la iglesia, que gravaba tanto la producción agrícola como el valor de la propiedad privada; fue suprimida la alcabala territorial, los arrendamientos perpetuos, las vinculaciones y bienes de manos muertas y se decretó la total libertad de movimiento de las personas. El sistema de manos muertas residía en la posesión por parte de la iglesia y sus congregaciones monásticas de bienes y propiedades de católicos, que eran cedidos por herencia y que le pertenecían a aquella a perpetuidad. Una vez repartidos los latifundios religiosos en forma de renta o adjudicación gratuita se prosiguió a liberar la propiedad cedida en censo, es decir, la tierra entregada de manera perpetua mediante el pago de un cánon anual.

(31) Aníbal Pinto, Ob. Cit. p. 38.

los viejos latifundios una solidaridad fundamental, la que permitió a éstos conservar el control del poder local en las regiones respectivas, correspondiendo a aquella el control hegemónico del poder nacional".[32]

Empero, no sería correcto sostener, como señala el autor, que la solidaridad fundamental que se establece entre los viejos latifundios y la nueva agricultura de exportación se debe a que esta última se "estructura en grandes unidades", pues, la misma solidaridad la encontramos cuando el sector exportador está vinculado a la minería o entre estos elementos y los comerciantes importadores.

Si entre la vieja y la nueva oligarquía se opera una fusión política y familiar inclusive, ello se explica porque el proceso que engendra a la oligarquía liberal no destruye la antigua estructura feudal. El sector exportador surge como apéndice de las economías centrales, es decir, desprendido de las esferas materiales de la producción interna. El capital invertido en esta esfera bajo la forma de **capital productivo** no se multiplica ni se reproduce en el resto de los **sectores productivos** de la economía; se escapa de la esfera productiva a la esfera de la circulación o al circuito de los gastos improductivos. Es por eso que la inversión de capital en el sector exportador no es incompatible con formas pre-capitalistas de explotación; inversamente, puede asumir cualquiera de las relaciones posibles de combinación: lo mismo da una empresa capitalista moderna que una plantación esclavista o un latifundio semi-capitalista en el que se mezclan formas capitalistas y feudales de explotación. Con frecuencia al capitalista le resulta más ventajoso este último tipo de latifundio que le garantiza, como consecuencia de la poca asimilación de la tecnología y,

---

(32) Celso Furtado, **La Economía Latinoamericana de la Conquista Ibérica hasta la Revolución Cubana;** Editorial Universitaria, la ed. en español, p; 42; Santiago de Chile, 1969.

por consiguiente, de la baja composición orgánica del capital, una tasa alta de explotación, vale decir, de ganancia. He ahí, la base económica que explica la fusión social de grupos oligárquicos de naturaleza distinta.

Algunos autores que reconocen el carácter antinacional de la burguesía comercial *([...]"el papel antinacional que ese sector económico-político ha jugado en la ciudad de Buenos Aires, a lo largo de nuestra historia"*[33], le atribuyen, sin embargo, un desarrollado **sentimiento nacional de carácter defensivo** a los hacendados bonaerenses.

*"Ligados al país por sus **intereses y su psicología** –afirma Abelardo Ramos– si frente a las provincias paupérrimas querían mantener privilegios portuarios y aduaneros, poseían en cambio un **desarrollado sentimiento nacional de carácter defensivo"**[34].*

Más aun, **"el nacionalismo ganadero"** es el título de un capítulo de su obra[35].

*[...] "Los hacendados bonaerenses... –*sostiene el autor en abono a su punto de vista– *aunque vendían sus productos en los mercados exteriores eran, en primer lugar, productores directos de la única rama importante de la economía argentina de esa época"*[36]

---

(33) Jorge Abelardo Ramos, *Revolución y contrarrevolución en la Argentina; Tomo 1: **Historia de la Argentina en el siglo XIX;*** Editorial Plus Ultra; 3a. ed., p. 89; Buenos Aires, 1965.

(34) Ibid., p. 89. Cursivas de JETA.

(35) Ibid., p. 119. Ramos se refiere en este capítulo al debatido gobierno de Rosas.

(36) Íbid., p.89.

La logica de esta argumentación conduciría a pensar que las burguesías exportadoras de los países subdesarrollados se constituirían en **burguesías nacionales** por ser productoras directas de la rama más importante de la economía. Esta posición me parece completamente errónea. **La oligarquía moderna es antinacional por naturaleza.** No es su inversión en la esfera productiva lo que determina su conducta, sino su vínculo congènito con el mercado mundial, es decir, su total desvinculación del mercado interno. En este punto estamos plenamente de acuerdo con Claudio Véliz.

He aquí cómo describe la oligarquía chilena este autor.

"Durante los años transcurridos entre la independencia de 1829 la economía chilena estuvo dominada por tres grupos de presión de importancia fundamental: Las tres patas de la mesa económica nacional. En primer lugar están los exportadores mineros del norte del país, luego estaban los exportadores agropecuarios del sur y finalmente las grandes firmas importadoras, generalmente localizadas en el centro de Santiago y Valparaíso, aunque operaban en todo el territorio. Los exportadores mineros del norte del país –agrega Claudio Véliz– eran librecambistas. Esta posición no se debía fundamentalmente a razones de tipo doctrinario— aunque también las hubo– sino al hecho sencillo de que estos señores estaban dotados de sentido común. Ellos exportaban cobre, plata, salitre y otros minerales de menor importancia a Europa y los Estados Unidos, donde recibían su pago en libras esterlinas. Esgrimiendo razones tan sólidamente entroncadas en el sentido común y además reforzados por la doctrina liberal ambiente, los exportadores mineros del norte continuaron vistiéndose en Londres, adornando a sus mujeres en París, amueblando sus casas en Italia, gustando en sus mesas vinos y licores franceses, importando rasos, terciopelos, bisutería y cristalería, todo pagado generosamente con las ricas vísceras

metálicas de nuestro duro terruño norteño. Los exportadores agropecuarios del sur del país también eran decididamente librecambistas. Colocaban su trigo y harina en Europa, California y Australia. Vestían a sus huasos con ponchos de bayeta inglesa; montaban en sillas fabricadas por los mejores talabarteros de Londres; consumían champaña de verdad e iluminaban sus mansiones con lámparas florentinas. Por la noche se acostaban en camas hechas por excelentes ebanistas ingleses, entre sábanas de hilo irlandés y abrigados con frazadas de lana inglesa. Sus camisas de seda venían de Italia y las joyas y adornos de sus mujeres de Londres, París y Roma. **Para estos hacendados pagados en libras esterlinas la idea de gravar la exportación de trigo o de imponer derechos proteccionistas sobre las importaciones era sencillamente digno de un manicomio. [...] Por estas sencillas razones de solidez intachable, el exportador agropecuario del sur estaba plenamente de acuerdo con el exportador minero del norte y ambos presionaban sobre el gobierno para que Chile mantuviera una política económica librecambista.** *Las grandes firmas importadoras con sede en Valparaíso y Santiago también eran librecambistas. Se imaginaría alguien a una firma importadora defendiendo el establecimiento de fuertes derechos de importación para proteger a una industria nacional* "[37].

"Por esto —entre otras cosas— es que la llegada y consolidación de intereses extranjeros en nuestro medio no tuvo las dolorosas características que tan dramáticamente ilustraron el fenómeno imperialista durante el siglo XIX. Aquí los intervencionistas extranjeros y los dirigentes del Trípode económico chileno hablaban el mismo idioma: sus intereses coincidían y no había conflicto posible. El que más se preocupaba de otorgar facilidades, era el chileno dirigente de alguno o de todos los tres grupos de presión fundamentales. El chileno era el que insistía

---

(37) Claudio Véliz, *La mesa de tres Patas*, en la revista **Desarrollo Económico,** abril-septiembre, p. 237 y ss; Argentina, 1963. Cursivas de JETA.

en que no se pagaran derechos de importación o exportación; el chileno era el que abominaba cualquier intento de proteger a la incipiente industria nacional; el chileno era el que se preocupaba preferentemente de que no se interrumpiera el flujo regular de materias primas hacia los mercados europeos"[38].

No puede haber, pues, la menor duda del carácter antinacional y extranjerizante de las clases sociales que conforman la oligarquía moderna.

Algunos autores consideran que la oligarquía moderna es un grupo **sin poder propio, subordinado y dependiente** de los grandes centros financieros e industriales de las metrópolis capitalistas.

"El poder real —afirma Bresani refiriéndose a la oligarquía peruana—, la capacidad de decisión decisoria escapa, pues, a nuestro análisis, porque huye siempre hacia atrás, trasladándose al final al exterior, donde vuelve a perderse en otra red de relaciones. [...] En suma, lo que queda en nuestras manos y que consideramos como 'oligarquía', es únicamente un conjunto de intermediarios (una masa sin poder propio) [...] variable y solamente capaz de negociar las condiciones a veces casi impuestas y a veces casi mendigadas, en que se realizarán las decisiones importadas. [...] [39] *"En todo caso —agrega, por otra parte Denis aludiendo a las oligarquías del Caribe— las oligarquías criollas [...] son en realidad oligarquías dependientes, supeditadas, aunque no por ello, en la mayoría de los casos menos aliadas de las oligarquías que dictan las condiciones desde los grandes centros financieros e industriales de las metrópolis capitalistas"*[40].

---

(38) Claudio Véliz, Ob. Cit., pp. 240-241. Cursivas de JETA.

(39) Jorge Braso Bresani, *Mito y realidad de la oligarquía peruana;* en José Matos Mar, **La oligarquía en el Perú;** Editorial Diógenes, 2a. Ed., p. 86; México, 1970.

(40) Manuel Maldonado Denis, *Hacia un esbozo de las oligarquías en el Caribe hispano parlante,* en **Revista Mexicana de Sociología,** Vol. XXX, No. 1, p. 80;

En mi opinión, esta posición no es sostenible. Ya hemos dicho que la oligarquía moderna, por su naturaleza congénita, surge vinculada a los grandes centros de las metrópolis capitalistas. Por esta razón es **librecambista, antinacional, y extranjerizante,** y por lo mismo, sus intereses, como señala Favre refiriéndose a la oligarquía peruana, [...] **"lejos de ser opuestos a los de las empresas extranjeras, se unen y combinan íntimamente, sin que por eso resulten necesariamente dependientes o subordinados"**[(41)]. El caso de la sociedad familiar Gildemeister que cita Favre nos lustra al respecto.

"Los Gildemeister, cuya fortuna está ligada a la explotación del salitre de Tarapacá, poseen 32,213 has. cultivadas y son los primeros productores de azúcar del Perú. Los barcos que pertenecen a los Gildemeister, en parte la transportan a Chile, donde es tratada en la refinería Gildemeister y comercializada por una sociedad Gildemeister. En cuanto a la otra parte es enviada a Alemania —donde los Gildemeister poseen diversas participaciones en la industria química— en barcos que llevan pabellón alemán, pero que también pertenecen a los Gildemeister. Además, estos mismos barcos aseguran el transporte a Hamburgo del azúcar de las plantaciones que los Gildemeister poseen en Brasil. La sociedad Gildemeister puede ser ventajosamente comparada, desde todo punto de vista, con la United Fruit Co. o con otras grandes corporaciones norteamericanas que operan a escala internacional "[(42)].

Por tanto, contrariamente a lo que se ha hecho creer a algunos de sus adversarios virtuales, la oligarquía no es una minoría sin poder propio, sometida a los monopolios extran-

---

enero-mayo de 1968.

(41) Henri Favre, *Misteriosa oligarquía,* en José Matos Mar, Ob. Cit., p. 180. Cursivas de JETA.

(42) Henri Favre, *El desarrollo y las formas del poder oligárquico en el Perú,* en José Matos Mar, Ob. cit., p. 115.

jeros, sino un grupo de clases sociales que ha subordinado los intereses de la nación a sus intereses económicos.

*"Pero no es el hecho de que hayan controlado el gobierno lo que realmente singulariza a los hombres del café —señala Furtado—. **Lo que los singulariza es que hayan utilizado ese control para alcanzar objetivos perfectamente definidos en una política. Por esa conciencia de clase de sus propios intereses, se diferencian de otros grupos dominantes anteriores o contemporáneos"***[43].

Nos toca ahora resumir lo que hemos dicho sobre la oligarquía moderna.

De los casos precedentes que hemos analizado no es difícil percibir los siguientes caracteres particulares, generales y esenciales.

1) La oligarquía moderna surge como expresión social de la monoproducción, al implantarse, después de la Revolución Industrial, la nueva división internacional del trabajo que impone como resultado del proceso de integración de la economía mundial.

2) Esta oligarquía se forma del sector exportador-importador que nace vinculado al mercado mundial. De allí su carácter burgués-moderno que la distingue, en todo y por todo, de la oligarquía "tradicional-feudal".

Cualquier definición que se intente dar sobre la oligarquía moderna debe recoger en su contenido estos rasgos esenciales.

Aclarado esto, podemos decir, que **la oligarquía moderna no es más que la expresión social de la monopro-**

---

(43) Celso Furtado, **Formación Económica del Brasil**; Fondo de Cultura Económica; 1ª.ed., en español, pp. 122-123; México, 1962.

ducción, formada por la burguesía antinacional exportadora-importadora que surge después de la Revolución Industrial, al implantarse la nueva división internacional del trabajo como resultado directo del proceso de integración de la economía mundial.

Es evidente, por tanto, que el descubrimiento de las clases sociales específicas y responsables del subdesarrollo en el **"período", "estilo" o "modelo de expansión o desarrollo hacia afuera",** es decir, de la **oligarquía moderna**, nos permite no solo desmitificar la teoría de la CEPAL de *'la concentración del progreso técnico y sus frutos en actividades económicas orientadas hacia la exportación', como causa principal del subdesarrollo*[44] y explicar por qué razón el sistema capitalista no siguió en las economías periféricas el camino de desarrollo previsto por Marx; sino desentrañar de nuestra historia moderna sus secretos más profundos: la balcanización de América Latina, es decir, el fracaso del ideario bolivariano y la intensa lucha de clases que le sucede.

He aquí su síntesis histórica.

---

(44) "La cosmovisión de la economía internacional –subraya Celso Furtado-, en la que se afirmaba la existencia de una ruptura estructural causada por la lenta propagación del progreso técnico y que se veía perpetuada por la división internacional del trabajo, **fue el principal aporte teórico de Prebisch y constituyó el punto de partida de la teoría del subdesarrollo, que asumió una posición preponderante en el pensamiento de América Latina de la posguerra. Para Prebisch, el subdesarrollo se origina en 'la concentración del progreso técnico y sus frutos en actividades económicas orientadas hacia la exportación', dando lugar a estructuras sociales heterogéneas 'en virtud de las cuales una gran parte de la población es mantenida al margen del desarrollo'".** (Celso Furtado, *La cosmovisión de Prebisch*, en Banco Interamericano de Desarrollo, **El legado de Raúl Prebisch**; Enrique V. Iglesias Editor; pp. 52-53; Washington, D.C., 1993. Negritas de JETA).

4. *EL FRACASO DEL IDEARIO BOLIVARIA-NO: LA VALCANIZACIÓN O FRAGMENTA-CIÓN DE AMÉRICA LATINA*

Al iniciarse el movimiento de independencia todos los grandes jefes llevaban en su cabeza el proyecto nacional. Engaña en Chile, Bolívar en la Gran Colombia, Artigas, Monteagudo, San Martín y el Dean Funes en las Provincias Unidas, Morazán en Centroamérica. Los iniciados, por lo demás, son hijos del siglo que presencia el proceso de culminación de las naciones en Europa. Nada más natural que ellos encarnen ese movimiento en América Latina. No es extraño, pues, que al día siguiente de fundar Colombia, Bolivar pusiese en práctica su propósito de iniciar la Confederación de los Nuevos Estados Hispanoamericanos.

"La Asociación de los Cinco Estados de América —le escribía a O'Higgins— es tan sublime en sí misma, que no dudo vendrá a ser motivo de asombro para la Europa".[45]

El sueño de Bolívar era fundar una Confederación de Cinco Grandes Estados sobre la base del Derecho público reconocido en América, de respetar los límites de los anti-

---

(45) Bolivar, **Documentos,** p. 107, Ed. Casa de las Américas; La Habana. Esta idea ya era suya desde mucho antes. En **1815,** en su carta de Jamaica, **Contestación de un americano meridional a un caballero de esta Isla,** apuntaba: "es una idea grandiosa pretender formar de todo el Mundo Nuevo una sola nación con un solo vínculo que ligue sus partes entre sí y con el todo. Ya que tiene un origen, una lengua, unas costumbres y una religión, debería, por consiguiente, tener un solo gobierno josé confederase los diferentes estados que hayan de formarse; más no es posible, porque climas remotos, situaciones diversas, intereses opuestos, caracteres desemejantes dividen a la América. ¡Qué bello sería que el Istmo de Panamá fuese para nosotros lo que el de Corinto para los griegos! ¡Ojalá que algún día tengamos la fortuna de instalar allí un augusto congreso de los representantes de las repúblicas, reinos e imperios a tratar y discutir sobre los altos intereses de la paz y la guerra!" (Íbid., p. 61).

guos virreinatos, capitanías generales o presidencias como la de Chile.

La idea cobró forma en el Congreso Anfictiónico de Panamá que aprobó el 15 de julio de 1826 por unanimidad, el *Tratado de Unión, Liga y Confederación perpetua entre las Repúblicas del Perú, Colombia, Centro-América y Estados Unidos Mexicanos*, cuyo Artículo 1o. rezaba así:

"Las Repúblicas del Perú, Colombia, Centro-América y Estados Unidos Mexicanos, se ligan y confederan mutuamente en paz y guerra, y contraen para ello un pacto perpetuo de amistad firme e invariable, y de unión intima y estrecha en todas y cada una de las partes"[46].

Este fue el primero y único paso firme en la cristalización de la gran idea de la Confederación Americana. La decadencia y disipación de aquel sublime ideal ha sido fatal y progresiva.

"Miranda había sido el apóstol de la fraternidad-Monteagudo fue su tribuno-Bolívar su César como Flores fue después su Judas y Walker su sangriento histrión"[47].

---

(46) **Colección de Ensayos y Documentos Relativos a la Unión y Confederación de los Pueblos Hispanoamericanos,** publicada a expensas de *la Sociedad de la Unión Americana de Santiago de Chile,* por la Comisión nombrada por la misma y compuesta de los señores Don José Victorino Lastarria, Don Alvaro Covarrubias, Don Domingo Santa María y Don Benjamín Vicuña Mackenna; Santiago de Chile, 1862. Esta es una edición de la revista **Tareas** en Conmemoración al Sesquicentenario del Congreso Anfictiónico de Panamá, p. 38; Panamá, 1976.

(47) Benjamín Vicuña Mackenna, *Estudios Históricos,* en **Colección de Ensayos y Documentos Relativos a la Unión y Confederación de los Pueblos Hispanoamericanos,** p. 148.

El tratado de Unión, Liga y Confederación perpetua aprobado por el Congreso de Panamá debía ser ratificado y las ratificaciones canjeadas en la Villa de Tacubaya, una legua distante de la Ciudad de México, dentro del término de ocho meses contados desde la fecha de su firma, o antes si fuese posible.

"Se habían dado citas para continuar y dar cima a su ardua empresa en la pintoresca aldea de Tacubaya, vecina a la capital de México; pero las discordias que luego asolaron este país (y al resto del Continente —JETA—) desbarataron del todo tan magníficos y malogrados propósitos"[48].

Los climas benignos para la unidad latinoamericana habían desaparecido por mucho tiempo. Todas las fuerzas que Bolívar logró congregar en torno suyo para consumar la independencia, se disolvieron cuando pretendió construir la unidad de los Estados recién emancipados. Las mismas oligarquías regionales que sostuvieron a los ejércitos libertadores con recursos y hombres, entre los que figuraban muchos parroquiales "padres de la patria", se volvieron contra los unificadores cuando el comercio libre estuvo garantizado. Los centros disociadores de la unidad latinoamericana son básicamente Buenos Aires, Caracas, Bogotá y Lima. La cadena de puertos exportadores de materias primas e importadores de manufacturas inglesas –Valparaíso, Arica, El Callao, Guayaquil, Cartagena, Puerto Cabello, La Guaira, Bahía, Santos, Montevideo, Buenos Aires– tendían irresistiblemente al mercado mundial y a establecer necesariamente tarifas arancelarias propias y un régimen político acorde con esa tendencia. La centralización política sólo podía ser resultado de una economía convergente con el mercado interno, es decir, fundada en una producción capitalista industrial. De

---

(48) Íbid., p. 151.

allí la responsabilidad histórica de la oligarquía moderna en el proceso de balcanización de la América hispana.

Empero, surge una interrogante que el pensamiento regional debe responder: ¿por qué razón la América hispana se fragmentó y la América portuguesa no lo hizo?

He aquí la respuesta de Celso Furtado.

La empresa colonial española tenía como base la explotación de la mano de obra de los territorios ocupados. España no llegó a interesarse en fomentar un intercambio con las colonias o entre éstas, y las formas en que estaban organizadas las relaciones entre la Metrópoli y las colonias creaba una permanente escasez de medios de transporte, y era la causa de los fletes excesivamente elevados. La política española estaba orientada en el sentido de transformar las colonias en sistemas económicos autosuficientes y productores de un excedente neto en forma de metales preciosos que se transfería periódicamente a la Metrópoli. Es por ello que la decadencia económica de España perjudicó a sus colonias americanas. Fuera de la explotación minera, ninguna otra empresa económica de envergadura llegó a ser realizada. Durante los tres siglos de vida del gran imperio colonial, las exportaciones agrícolas de toda la inmensa región en ningún momento alcanzaron importancia significativa. El abastecimiento de manufacturas de las grandes masas de población indígena continuó basándose en la artesanía local, lo que retardó la transformación de las economías de subsistencia preexistentes en la región[49].

La producción aurífera y argentífera, como el comercio y la exportación de minerales desde América a España,

---

(49) Celso Furtado, **Formación Económica del Brasil,** Fondo de Cultura Económica, 2a. Ed., en español, pp. 21 -22; México, 1974.

comienza a decaer hacia mediados del siglo XVII. México aún conocerá una fase brillante en el último siglo de la era colonial como exportador de plata, pero para el Alto Perú la gran época había concluido. La decadencia de la producción minera significó el derrumbamiento del sistema económico que surgió en la vasta región. Debilitada la demanda de excedentes agrícolas y de indios para la minería y el transporte, la *encomienda* como institución tendió a perder su importancia. En efecto, el sistema de la *encomienda* estaba concebido en la idea de que parte del excedente arrancado a los indios pertenecía a la Corona, lo que transfiguraba al encomendero en un agente recaudador. Atrofiados los mercados que antes permitían monetizar el excedente, la transferencia de una parte del mismo al Estado se transformó en una molestosa carga. La Institución tendió entonces a decaer para desaparecer formalmente a comienzos del siglo XVIII. La decadencia del sistema económico organizado en torno a los "polos" productores de metales preciosos, asumió la forma de una progresiva descentralización de las actividades económicas y sociales que convirtió a la propiedad de la tierra en la institución básica de todo el orden social. El control de la propiedad de la tierra permitía continuar la extracción de excedente de la población indígena una vez eliminado el régimen de la *encomienda*. Como el excedente, por su propia naturaleza, debía ser utilizado localmente casi en su totalidad, la estructura social tendió a adoptar la forma de unidades aisladas o semi-aisladas. Estos grandes dominios rurales de economía esencialmente rural, casi totalmente desvinculados de la autoridad estatal han de arraigarse hondamente en la sociedad latinoamericana[50].

---

(50) Celso Furtado, **La Economía Latinoamericana desde la Conquista Ibérica hasta la Revolución Cubana;** Ed. Universitaria; p. 30; Santiago, Chile, 1969.

En la América Portuguesa la evolución de este proceso siguió una línea inversa. La gran plantación esclavista volcada hacia el exterior entra en decadencia en la segunda mitad del o XVII, como consecuencia de la quiebra del monopolio del azúcar y la caída de los precios de ese producto. La producción de las Antillas Francesas e Inglesas crece con rapidez a partir de esa época, al paso que la política mercantilista cierra gran parte de los mercados europeos al azúcar proveniente de la colonia portuguesa. La pérdida de los mercados externos tuvo como consecuencia la desintegración de parte de la agricultura de exportación y su transformación en una economía natural. El sector que producía carne, animales de tracción y leña para las unidades costeras sufrió la involución de manera aún más rápida. El descubrimiento del oro a comienzos del siglo XVIII modificó favorablemente la tendencia de esta evolución general. Se creó un importante mercado de animales de tracción y surgieron condiciones para ocupar la mano de obra subempleada de la economía azucarera. El Río San Francisco que une la región pecuaria del nordeste al área minera se transformó en una vía importante de comunicación. A diferencia de la producción de azúcar que solamente era accesible a quien estuviese en condiciones de movilizar cuantiosos recursos financieros, el oro de aluvión podía ser explotado tanto al nivel artesanal como al de la gran explotación. La emigración portuguesa hacia la región se realizó en escala muy superior a la que tuvo lugar en los dos siglos anteriores. Se desarrolló así una vida urbana y se formó un mercado de alimentos que vino a sumarse al mercado de tracción destinado al extenso sistema de transportes que vinculaba la vasta región aurífera con el puerto de Río de Janeiro. Este mercado de animales fue principalmente abastecido por las regiones sureñas cuyas posibilidades para la producción pecuaria eran ya conocidas. De esta manera, el polo minero permitió que se formasen vínculos económicos entre el nordeste, el centro y el sur del territorio brasileño ya en el siglo XVIII[51].

Por otra parte, la política del Imperio brasileño trató de conciliar los intereses de las distintas aristocracias locales (la azucarera del norte, la ganadera del centro y la ganadera del extremo sur). Entre estos adversarios que chocaban además, con el pequeño y mediano comercio de los puertos, era posible cierto equilibrio que la corona mantenía con el apoyo del ejército, poco nacionalizado y mezclado, no por casualidad, de cuerpos mercenarios europeos. La resistencia a la supresión de la trata de esclavos había facilitado, en las décadas agitadas de 1830 y 1840, el mantenimiento de aquel equilibrio. La esclavitud era esencial para la economía azucarera del norte y del litoral del centro; el comienzo de la expansión del café (que se insinuaba en Río de Janeiro antes de encontrar su tierra de elección en San Pablo) también se apoyaba en el trabajo esclavo. Al mismo tiempo, el comercio de esclavos, que la persecución británica hacía a la vez más azaroso y más lucrativo, ofrecía un oportuno desquite a los comerciantes portugueses de las ciudades litorales, eliminados del gran comercio europeo por los británicos. Cuando esta comunidad de intereses comenzó a resquebrajarse hacia fines de la década del 40 ya no existían las condiciones propicias para la fragmentación territorial. La persecución creciente de la trata hacía el comercio de esclavos, ponía a la vez en crisis a la agricultura que utilizaba esa mano de obra cada vez más costosa. Esa creciente divergencia de destinos e intereses puso fin a la mansa rebelión de los parlamentarios que —conservadores o liberales— coincidían en pedir medidas eficaces contra la trata; éstas llegaron finalmente en

---

(51) Íbid., p. 32.

1851. La agricultura esclavista se estaba haciendo insostenible[52].

La propia evolución del régimen de producción social fue creando, por tanto, en el caso del Imperio Español las premisas materiales de su balcanización, mientras que en el caso del Imperio portugués, condiciones que favorecieron la preservación de su unidad territorial. En este último caso, conviene agregar que cuando se consolida la oligarquía cafetalera en el tercer cuarto del siglo pasado, el gobierno brasileño estaba sometido a intereses demasiado heterogéneos y ya no existían las condiciones propicias para la fragmentación de su territorio.

El poder de penetración británica en América del Sur, al despuntar el siglo XIX, era tan irresistible como la fuerza marítima e industrial sobre la que se apoyaba. Allí donde los criollos tomaban el poder y controlaban el territorio, se abrían las puertas al comercio inglés y al cónsul del Imperio. Dos razones había al principio para esta política: la primera, las necesidades fiscales de los nuevos Estados que el comercio libre de las trabas españolas satisfacía con cierta abundancia. La segunda se fundaba en que Gran Bretaña, en virtud de sus intereses comerciales, aparecía como el principal obstáculo a la concertación de una Santa Alianza de la Europa reaccionaria contra las colonias españolas. La gran potencia europea era formalmente indiferente a la suerte de las recién liberadas colonias españolas; pero extra-oficialmente les vendía armas y obtenía mercados para sus manufacturas. La cuestión de los mercados latinoamericanos se imponía cada vez con mayor fuerza a las condiciones del Foreign Office. Si en 1805 el valor de las exportaciones inglesas a América Latina ascendía a 7,771,418 libras

---

(52) Tulio Halperin Donghi, **Historia Contemporánea de América Latina**; Ed. Alianza; 4a. Ed,, pp. 166-167; Madrid, 1975.

esterlinas, en 1810 alcanzaron 34,061,901 libras esterlinas. Se consideraba en Londres que ese fabuloso contingente de habla española podía absorber más mercancías inglesas que la India y los Estados Unidos Era pues imposible para Inglaterra ignorar ese continente, sobre todo después del bloqueo continental decretado por Napoleón y de la elevación por parte de Estados Unidos de una dura barrera proteccionista contra su antigua metrópoli. Estas circunstancias permiten explicar el papel que jugó Gran Bretaña durante todo el siglo XIX en la vida de América Latina.

"Hispanoamérica —subraya Hobsbawm— vino a depender virtualmente casi por completo de las importaciones británicas durante las guerras napoleónicas, y después de su ruptura con España y Portugal se convirtió en una casi total dependencia económica de Inglaterra, aislada de cualquier interferencia política de los posibles competidores de este último país. En 1820, el 'empobrecido continente' ya adquiría más de una cuarta parte de telas de algodón inglés que Europa; en 1840 adquiriría la mitad de Europa [...] La expansión de la industria inglesa pudo financiarse fácilmente al margen de las ganancias corrientes, por la combinación de las conquistas de sus vastos mercados y una continua inflación de precios productora de fantásticos beneficios. No fueron el único o el diez por ciento, sino centenares y millones por ciento los que hicieron las fortunas de Lancashire "[(53)].

La clásica política balcanizadora del Imperio Británico, ya practicada en la península Ibérica, encontró en las debilitadas colonias americanas una ocasión óptima. Los ingleses no hicieron sino moverse sutilmente en el gran drama y sostener la política de las oligarquías disociadoras, cuando no

____

(53) Eric J. Hobsbawm, **Las Revoluciones Burguesas,** Editorial Guadarrama, p. 57; Madrid, 1964.

les sugerían la fórmula, como ocurrió con el desgarramiento de la Banda Oriental.

[...] "Es conveniente observar —señala Furtado— que la penetración inglesa, en los primeros decenios del siglo XIX, constituyó mucho más un elemento de desagregación del orden social y económico existente [...] La presencia inglesa se manifestaba esencialmente en la organización de un comercio importador. Surgían las casas importadoras que difundían las manufacturas en ropas, principalmente inglesas, modificando hábitos de consumo y provocando la desagregación de actividades artesanales locales. En muchos países, la presión del aumento de las importaciones llevó a la depreciación cambiaría y obligó a los gobiernos a contraer empréstitos externos para regularizar la situación de la balanza de pagos. Por otro lado, las casas importadoras de productos ingleses acumulaban reservas líquidas y se transformaban en poderosos centros financieros"[(54)].

Estas son las condiciones históricas propicias en las cuales opera la oligarquía moderna de las ciudades puertos del continente.

"Las peculiaridades del puerto –señala Abelardo Ramos– su poder aduanero y rentístico, su indiferencia por las provincias y América Latina, su condición de productor, exportador e importador convertirá a los intereses de Buenos Aires en uno de los factores motrices de la balcanización. De la voluntad porteña nace la 'Nación' uruguaya, la 'Nación' boliviana, la 'Nación' paraguaya. Buenos Aires hostiga la convocatoria del Congreso de Panamá y el esfuerzo de San Martín por liberar al Perú, gestiona un príncipe europeo para coronar en el Plata, combate a Artigas aliada a los portugueses y concluye por exterminar al Paraguay en

---

(54) Celso Furtado, Ob. cit., p. 39.

*1865 con los mismos aliados [...] La clase 'mantuana' trai-
ciona a Bolívar y deshace la Gran Colombia, los estancieros
de la Banda Oriental apuñalan al artiguismo, los hombres
de pro barren a Carrera y asesinan a Manuel Rodríguez en
Chile, Artigas se hunde en la selva paraguaya, Paraguay
se enclaustra defensivamente bajo el puño de hierro del Dr.
Francia, San Martín emigra, Morazán es asesinado y la República de Centroamérica estalla en cinco pedazos, México
se aísla y agoniza un siglo bajo los terratenientes [...] Las
potencias extranjeras, Estados Unidos y Gran Bretaña, se
disputan el territorio y la economía de las veinte repúblicas
que Bolívar había soñado unidas. Después de la independencia, sobreviene la balcanización. América Latina se convierte en una nación inconclusa"*[55].

El virreinato de Nueva Granada que incluía la audien-
cia de Santa Fe de Bogotá, las provincias de Panamá y San
Francisco de Quito y la Comandancia de Caracas, se estableció definitivamente en 1739 con su capital en Santa Fe
de Bogotá. Próximo a la batalla de Boyacá en el Congreso
de Angostura de 1819, Bolívar propone reunir las provincias
liberadas de Nueva Granada a las provincias de Venezuela.
"La reunión de la Nueva Granada y Venezuela es el objeto
único que me he propuesto desde mis primeras: es el voto de
los ciudadanos de ambos países y es la garantía de la libertad
de la América del Sur". El antiguo diputado a las cortes napoleónicas de Bayona, Francisco Antonio de Zea, precursor
de la independencia, le respondió extasiado en nombre del
Congreso: "si Quito, Santa Fe y Venezuela se reúnen en una

---

(55) Jorge Abelardo Ramos, **Historia de la Nación Latinoamericana,** Ed. APL,
p. 146; Argentina, 1968. Este libro es, sin lugar a duda, una de las obras más
sugestivas sobre la historia de la balcanización de América Latina.

sola república, ¿quién podrá calcular el poder y prosperidad correspondiente a tan inmensa masa?"[56].

De este modo, Bolívar rebautiza al antiguo Reino y Capitanía con el nombre de Colombia.

La gran victoria de Sucre resonó en todo el Continente con inigualado eco. Terminaba en Ayacucho la historia de 300 años de poder español. Lo que parecía imposible era ya una realidad. La emoción que despertó la victoria de Ayacucho corre en las crónicas. Al recibir el pliego con la noticia, Bolívar sufrió un ataque de verdadera enajenación: se arrancó la chaqueta militar, juró ante sus oficiales, ignorantes de lo ocurrido, que jamás volvería a vestir el uniforme militar y se lanzó a bailar solo, como verdadero poseído.

La sombra de Bolívar se agigantaba. En los periódicos gubernamentales se comenzaba a criticar cada vez con más aspereza al Libertador. Se le atribuían miras "imperialistas". Se advierte al mismo tiempo que el gobierno de Rivadavia nada disponía para actuar contra el Mariscal Olañeta que guardaba después de Ayacucho su dominio sobre las provincias Alto peruanas. A título simbólico, proveyó dinero y recursos para 600 hombres de infantería y caballería que con las milicias salteñas al mando del Gral. Arenales vigilaban la frontera del norte argentino[57].

La estrategia porteña buscaba garantizar esa frontera y que Sucre y Bolívar terminasen a su costo la independencia. Pero el Congreso reunido en Buenos Aires contaba con

---

(56) **Bolívar y la Emancipación de Sur-América,** Memorias del Gral. O'Leary, traducidas del inglés por su hijo Simón O'Leary (1819- 1826), p. 22, Tomo II y último; Madrid, Sociedad española de Librería; citado por Jorge Abelardo Ramos, Ob. cit., p. 169.

(57) Jorge Abelardo Ramos, Ob. Cit., pp. 221-222.

algunos diputados que no eran porteños. El diputado Castro afirmó: "Yo no me propuse solamente que nos pusiéramos a la defensiva; me propuse algo más. Me proponía como necesidad del momento, no solamente la defensa de nuestro territorio libre, sino la restitución de nuestro territorio ocupado [...] En todos los casos en que han podido pronunciarse esas provincias, hoy ocupadas por el enemigo, se han pronunciado como parte integrante del territorio nuestro, por lo que en esta suposición nuestros congresos y asambleas han nombrado por ellas suplentes, y a su nombre también ha sido declarada la independencia del país"[58]. Tal era la posición nacional, la que asimismo sostendrá Bolívar pero que rechazaba la mayoría rivadaviana del Congreso Nacional y el propio Poder Ejecutivo.

Pues en efecto, muerto Olañeta por sus propios partidarios, Sucre ocupa con sus fuerzas, después de Ayacucho, todo el territorio del Alto Perú. En estas circunstancias, el Gral. Arenales escribía al Gobierno Argentino pidiendo órdenes, pues "hombres sediciosos" promueven en el Alto Perú su separación de las Provincias Unidas. Sucre, por su parte escribe a Bolivar:

"Parece que la provincia de Buenos Aires ha calculado que no está en sus intereses la reunión de estas provincias a la República"[59].

"La burguesía porteña –subraya Abelardo Ramos– *carecía de todo concepto territorial de la Nación, ya que todos sus intereses la proyectaban hacia Europa [...] Su tendencia invariable era reducir en todo lo posible el área territorial, conservar el puerto y la Aduana en sus manos, que proveían*

---

(58) Gabriel René Moreno, **Ayacucho en Buenos Aires**, p. 44, Ed. América; Madrid.

(59) Íbid., p. 127.

la mayor parte de los recursos fiscales y librar a su suerte a las provincias mediterráneas, que carecían de productos exportables. El Alto Perú se volvía así una carga irritante para los porteños "[60].

El Virreinato del Río de la Plata estaba dividido en ocho Intendencias, según el modelo francés adoptado por los Borbones españoles. Fuera de la Intendencia de Buenos Aires (incluyendo la Banda Oriental) estaban incluidas en la jurisdicción virreinal las Intendencias del Paraguay (incluyendo trece de los 30 pueblos de las Misiones); la de La Plata, o sea Charcas, luego Chuquisaca la actual Sucre; la de Cochabamba, incluyendo Santa Cruz de la Sierra; la de la Paz; la de Potosí, con el resto del territorio altoperuano. También eran Intendencias Córdoba y Salta. La primera incluía los territorios de San Miguel de Tucumán, Jujuy, Santiago de Estero y Catamarca. La Intendencia de Córdoba incluía La Rioja, Mendoza, San Luis y San Juan. Había territorios, como el de Mojos y Chiquitos, que estaban bajo el mando directo del Virrey, como Montevideo y las Misiones, bajo la forma de gobernaciones militares, por tratarse de territorios de fronteras en las peligrosas relaciones con el portugués que se remontaban a siglos de rivalidades ibéricas. La importancia de Buenos Aires, como capital del Virreinato, creció con las disposiciones administrativas de los Borbones, que la juzgaron la mejor dotada para desempeñarse como cabeza política, militar y rentística del virreinato: campo fértil, ciudad, puerto y aduana única. De hecho, Buenos Aires era la única ciudad marítima, por así decir, de un vasto territorio embotellado entre Lima y el Río de la Plata. De todas las juntas revolucionarias establecidas al estallar el movimiento de independencia, la de Buenos Aires era una de las pocas que contaba con recursos suficientes para afrontar los gastos de la guerra en forma inmediata.

---

(60) Jorge Abelardo Ramos, Ob. cit., p. 227 y 223.

Pues bien, ante las presiones que lo agobiaban y en las que él creía ver la opinión de los pueblos, Sucre decidió convocar a un Congreso a las provincias Alto peruanas, para "decidir de su suerte" y "sancionar un régimen de gobierno provisorio"[61]. El ministro de guerra de Bolívar, Gral. Tomás Heres, escribió a Sucre por orden del Libertador censurando la idea "de que, fuese el pueblo de las cuatro provincias del Río de la Plata al que se debía dejar la libertad de constituirse, porque esto habría sido dar un terrible ataque a los derechos de la nación argentina e infringir el de gentes, reconocido hasta hoy en la América antes española. V.S., dando el decreto de que habla para reunir una Asamblea de las provincias del Alto Perú, comete un acto de formal reconocimiento de su soberanía [...] Si se reuniese esta Asamblea se daría a los pueblos todos un funesto ejemplo, que vendría a debilitar la asociación y a fomentar la anarquía [...] S.E. (Bolívar) me manda decir a V.S. que el asunto de las cuatro provincias del Alto Perú debe quedar in statu quo, sin hacer innovación alguna que, directa o indirectamente pueda perjudicar los derechos de las Provincias Unidas del Río de la Plata"[62].

Pero la clara exposición de la política bolivariana frente a las provincias Alto peruanas la formulará el Libertador en una carta del 2 de febrero de 1825 a Sucre: "Ni usted, ni yo, ni el Congreso mismo del Perú, ni de Colombia, podemos romper y violar la base del derecho público que tenemos reconocido en América. Esta base es, que los gobiernos republicanos se fundan entre los límites de los antiguos virreinatos, capitanías generales, o presidencias como la de Chile. El Alto Perú es una dependencia del Virreinato de Buenos Aires: dependencia inmediata como la de Quito de Santa Fe.

---

(61) Sabino Pinilla, **La creación de Bolivia**, Ed. América, p. 102; Madrid.

(62) Ibid., p. 125.

Chile, aunque era dependencia del Perú, ya estaba separada de él algunos años antes de la revolución como Guatemala de la Nueva España. Así es que ambas o dos de estas presidencias han podido ser independientes de sus antiguos virreinatos, pero ni Quito ni Charcas pueden serlo en justicia, a menos que por un convenio entre partes, por resultado de una guerra o de un congreso se logre entablar o concluir un tratado. Según dice usted, piensa convocar una asamblea en dichas provincias. Desde luego, la convocación misma es un acto de soberanía. Además, llamando usted estas provincias a ejercer su soberanía, las separa de hecho de las demás provincias del Río de la Plata. Desde luego, usted logrará con dicha medida, la desaprobación del Río de la Plata, del Perú y de Colombia misma, que no puede ver ni con indiferencia siquiera, que usted rompa los derechos que tenemos a la presidencia de Quito por los antiguos límites del antiguo virreinato"[63].

Pero Bolívar estaba equivocado. Nadie, ni siquiera el Libertador, podía concebir, a pesar de lo bien que conocía Bolívar el carácter político y social de la oligarquía porteña, que esta renunciara espontáneamente a la reincorporación del Alto Perú a la soberanía argentina. Pero así ocurrió, en efecto. El 9 de mayo de 1825, el Congreso rivadaviano declaraba "que aunque las 4 provincias del Alto Perú han pertenecido siempre a la Argentina, es la voluntad del Congreso General Constituyente que ellas quedan en plena libertad para disponer de su suerte, según crean convenir mejor a sus intereses y a su felicidad"[64]. "Bolívar miró la noticia de esta ley como una patraña que habían forjado en Córdoba o Salta. ¡No lo podía creer!, tuvo Sucre que enviarle en copia auténtica los documentos. Se rindió entonces a la eviden-

---

(63) O´Leary, Ob. Cit., p. 439.

(64) Sabino Pinilla, Ob. cit., p. 139.

cia"[65]. No repuesto aún de su sorpresa, al festejar la llegada de la misión argentina encabezada por Alvear en Potosí, el Libertador brindó por "el Congreso de las Provincias Unidas del Río de la Plata cuya liberalidad de principios es superior a toda alabanza y cuyo desprendimiento con respecto a las provincias del Alto Perú es inaudito"[66].

Convocada por Sucre, la Asamblea de Diputados del Alto Perú postergó su reunión durante una semana, a la espera de las noticias que se aguardaban de Buenos Aires. El 17 de julio se supo oficialmente que el puerto se desentendía del destino de las provincias Alto peruanas. Ebrios de alegría los diputados separatistas se dispusieron a crear un nuevo Estado. A pesar de las simpatías de Sucre por otra solución, la Asamblea abrigaba el temor de que Bolívar se resistiese a aprobar el proyecto. Comenzó entonces la deificación de Bolívar. El nuevo estado cae de rodillas ante el Libertador "padre común del Perú, "salvador de los pueblos", "hijo primogénito del Nuevo Mundo", "inmortal Bolívar". Presidía la Asamblea el Dr. José Ma. Serrano, antiguo diputado por Charcas al Congreso de Tucumán que en 1816 había declarado la independencia de las Provincias de Sudamérica, convertido ahora en furioso separatista. Antes que Bolívar recibiese las adulaciones la Asamblea discutió la cuestión de crear un nuevo Estado. Resultaron mayoría los diputados que apoyaban la independencia del Alto Perú, seguidos por una minoría que sostenía la incorporación del Perú y por otra menos numerosa, que apoyaba la reincorporación a las Provincias Unidas del Rio de la Plata. La Asamblea resolvió en definitiva fundar la república Bolívar, ofreciendo así su mayor tributo al Libertador y este concluyó aceptando

---

(65) Gabriel René Moreno, Ob. cit., p. 17.

(66) José Luis Busaniche, **Historia Argentina**, Ed. Hachette, p. 209.

la decisión de la Asamblea[67]. La provincia de Tarija, por exigencias de Bolívar, no quedaba incluida en la maniobra separatista. Pero se perdió al año siguiente de la soberanía argentina, casi al mismo tiempo que la Banda Oriental.

Importa agregar que en aquel drama la ingerencia inglesa fue importantísima. El gobierno británico siempre se opuso tanto a la exigencia legítima de los orientales de integrarse en las viejas Provincias Unidas, como a la desmesurada ambición del Imperio del Brasil de extender su dominio a la Banda Oriental. Su perenne ambición fue crear un Gibraltar en la Banda Oriental, un Estado independiente que sirviese de cuña entre Brasil y la Argentina y que permitiese a Gran Bretaña debilitarlos a ambos y disponer del mejor puerto rioplatense para su comercio. En una carta dirigida por Canning a Ponsonby (los dos artífices del proyecto), aquel definía la política inglesa en los siguientes términos: *"La ciudad y territorio de Montevideo debería independizarse definitivamente de cada país, en situación algo similar a la de las ciudades Hanseáticas en Europa"*[68].

Más tarde, el mismo Canning repetía a Ponsonby:

"Como V.E. sabe, se ha sugerido que Montevideo mismo, o toda la Banda Oriental, con Montevideo por Capital, sea erigida en Estado separado e independiente"[69].

Al coronar su victoriosa campaña militar y alcanzar el mayor poder político de su azarosa carrera, Bolívar advertía que también había llegado a su fin su magno programa uni-

---

(67) Jorge Abelardo Ramos, Ob. Cit., pp. 232-235.

(68) CK. Webster, **Gran Bretaña y la Independencia de América Latina,** Documentos escogidos de los Archivos del Foreign Office (1812-1830); Tomo I, Ed. Kraft, p. 196; Buenos Aires 1944.

(69) Íbid.

ficador. La tentativa de imponer a Perú, la Gran Colombia y Bolivia la Constitución Centralista que había concebido para esta última, desencadenó rápidamente la disgregación de todo el sistema.

"El único remedio, escribía, es una Federación general entre Bolivia, el Perú y Colombia, más estrecha que la de Estados Unidos, mandada por un presidente y vicepresidente y regida por la Constitución boliviana que podría servir para los Estados en particular y para la Federación"[70].

Pero en el Perú, y particularmente en Colombia, se resistió abiertamente a la aplicación de la Constitución Boliviana. El caudillo Llanero Páez intrigaba en Caracas y el vicepresidente Santander lo hacía en Bogotá. El año 1826, en que se reúne el Congreso de Panamá, es el año de la destrucción de la Gran Colombia. En el Perú los jefes militares peruanos que habían surgido a la sombra del Libertador, conspiraban contra él para romper los lazos que unían al Perú con Colombia y Bolivia. Como el localismo rivadaviano, el santanderino brotaba del separatismo real de las economías de materias primas que sólo podían expandirse satisfaciendo las necesidades de un mercado mundial en ascenso. Santander era fuerte en el Senado y el comercio, los dos pilares clásicos de las oligarquías latinoamericanas. La resistencia del Partido Liberal santanderino a la Constitución boliviana se manifiesta públicamente con la fría recepción organizada a la llegada de Bolívar a Bogotá; La indignación de Bolívar por las intrigas de Santander hacían temer al Vicepresidente una violenta reacción del Libertador a su llegada al Palacio Presidencial[71]. Bolívar tuvo que partir inmediatamente hacia Caracas para persuadir al Gral. Páez a que se sometiese

---

(70) José Luis Busaniche, **Bolívar,** p. 226; citado por Jorge Abelardo Ramos, Ob. cit., p. 307.

(71) Jorge Abelardo Ramos, Ob. cit., pp. 307-308.

a su jefatura. En estas circunstancias se sublevan en Lima las tropas colombianas adictas a Santander, echan por tierra la Constitución boliviana y aprisionan al Gral. Heres, fiel a Bolívar. La Federación colombiana-peruana-boliviana amenazaba con desmoronarse. Al regresar Bolívar a Bogotá llega la noticia de que en Lima un antiguo subordinado suyo, el Gral. La Mar es designado Presidente del Perú tan sólo para declarar abolida la Constitución boliviana. En enero de 1827 el Cabildo de Quito organizaba una conspiración militar encabezada por el Comandante Ayarza con propósitos separatistas. El resto de la guarnición la reprimió fusilando a los implicados.

Justamente en aquellos momentos los partidarios de Santander en Bogotá se disponían a asesinar a Bolívar en el Palacio de Gobierno[72]. Bolívar pudo salvar su vida gracias a la entereza de su admirable compañera Manuelita Sáenz.

La Gran Colombia se desmorona en pedazos. El Gral. Flores, ferviente bolivariano, independizaba los departamentos del Sur de la Gran Colombia y fundaba la República del Ecuador. El Gral. Páez, rodeado de un núcleo entre los que figuraba el futuro presidente Antonio Leocadio Guzmán, rompía el vínculo de Venezuela con Colombia y rehusaba toda subordinación al Libertador. La separación de Venezuela no era, en modo alguno, una decisión popular. Para poder realizarla, el Gral. Páez y sus allegados habían prepa-

---

(72) "Santander [...] por sus manejos contra Bolívar había tenido que abandonar el país en 1826. Volvió como jefe de los liberales, con un programa de libertad y progreso [...] Más que un soldado, Santander era un abogado. Era uno de tantos juristas que durante las guerras de liberación había tomado el oficio de las armas sin entender de él mucho en realidad. Pero aquel leguleyo era más desalmado y cruel que el soldado más rudo" (Ernest Samhaber, **Sudamérica, biografía de un continente,** Ed. Sudamericana, p.472; Buenos Aires, 1961).

rado cuidadosamente las elecciones del llamado "Congreso Constituyente de Venezuela", según se llamó a esa farsa[73].

Bolívar estaba física y moralmente destruido. Pero también estaba aniquilada la Gran Colombia. Todavía faltaban algunos golpes a su corazón. Aquel joven Gral. Córdoba que "a paso de vencedores" decidió con sus lanceros la batalla de Ayacucho, y que terminaba de aplastar la sedición de Obando en Popayán, este mismo Córdoba se levanta en la provincia de Antioquía contra su antiguo jefe. Ahí muere Córdoba y con el joven y legendario soldado también moría la juventud de Bolívar. En aquellos días el Congreso de Colombia rechaza la renuncia de Bolívar, pero el Libertador ya no tiene fuerzas para hacerse cargo del gobierno y deja el poder en manos del Gral. Caicedo. Bolívar buscaba la salud alejándose de Bogotá. Se había despedido de Sucre que iba a reunirse con su mujer en Quito. La prensa bogotana, como la caraqueña, injuriaba diariamente al Libertador y a Sucre. Estos dos nombres justos bastaban para saciar a la canalla de la época y también para el juicio de la Historia.

Al atravesar sin escolta la provincia de Pasto, en la que era gobernador el Gral. Obando, partidario de Santander, el Mariscal de Ayacucho fue muerto a tiros por tres sujetos, el comandante Morillo, el comandante Juan Gregorio Sarria y José Brazo, hombre del Gral. Obando quien había enviado instrucciones en un pliego cerrado. El Gral. Obando se apresuró a desmentir toda responsabilidad, pues la opinión pública lo responsabilizó inmediatamente del horrendo crimen. La oficialidad del Estado Mayor de Obando en Pasto quedó persuadida de que éste había sido el instigador del asesinato; abandonó en masa el servicio de Nueva Granada y se tras-

---

(73) Jorge Abelardo Ramos, Ob. Cit., pp. 313-314.

ladó al Ecuador. Morillo confesó su crimen y fue ejecutado en 1842[74].

Bolívar se encontraba cerca de Cartagena cuando recibió la noticia del asesinato de Sucre que lo anonadó y precipitó su muerte. Se disponía a viajar a Europa, aunque ya carecía de recursos, pues había regalado su quinta, empeñado su vajilla de plata y distribuido sus últimos dineros entre la multitud de oficiales, soldados y partidarios que huían del Bogotá hostil. Aquel mantuano que al iniciarse la revolución tenía mil esclavos, los había liberado a todos. Ahora, los propietarios de esclavos que el rehusó expropiar lo echaban de la patria. Sólo esperaba un barco para alejarse de la tierra de sus hazañas. Sintiendo agravado su mal, llegó hasta Santa Marta. Allí los médicos comprobaron que sus días estaban por concluir. Murió el 17 de diciembre de 1830 en Santa Marta, en cama ajena, médico gratuito, sin un centavo y con la Gran Colombia dividida en cinco Estados.

La década siguiente a la muerte de Bolívar presenciará la fundación y disolución de la Confederación Perú-Boliviana y la caída de la República Federal de Centroamérica[75]. An-

---

(74) Antonio José de Irisarri, **Historia Crítica del Asesinato del Gran Mariscal de Ayacucho,** Ed. Casa de las Américas, p. 155; La Habana, 1964.

(75) La República Federal de Centroamérica era parte del virreinato de Nueva España establecido en 1535. Su territorio abarcó una gran extensión cuyo centro natural sería el valle de México. Sobre los cimientos de la monumental **Tenochtitlan** se erigió la ciudad de México, sede de la corte virreinal durante todo el período colonial. Los límites del virreinato comprendieron, por el sur, toda la América Central (Guatemala, El Salvador, Nicaragua, Honduras y Costa Rica), salvo la gobernación de Castilla de Oro con la estratégica ciudad de Panamá. Por el este, incluyó al golfo de México y al mar de las Antillas. Sin embargo, el territorio isleño compuesto por las pequeñas y grandes Antillas (Cuba, Santo Domingo y Puerto Rico entre otras), no formó parte de Nueva España, constituyendo gobernaciones independientes. Al norte, la jurisdicción de Nueva España incluyó, finalmente, gran parte de la zona occidental de los actuales estados de

drés de Santa Cruz y Francisco de Morazán serán las figuras centrales de ambos dramas.

Con la caída de la Gran Colombia, el Perú independiente es desgarrado por furiosas guerras civiles. La disolución del programa unificador de Bolívar parece que no puede detenerse ni siquiera dentro de las mezquinas fronteras logradas. El Perú virreinal está amenazado por incesantes asonadas militares y regiones opuestas en las que no existe ni siquiera la sombra de un poder central. Agustín Gamarra se encarama en la presidencia de la República. Después de cumplir su obscuro período deja el poder al general Orbegoso, un insignificante terrateniente de Trujillo. Pero el nuevo presidente se ve inmediatamente jaqueado por Gamarra al mismo tiempo que el Gral. Felipe Santiago Salaverry se lanza ciegamente a la conquista del poder. Los tres se proclaman presidentes del Perú. En aquel momento un militar, Andrés Santa Cruz a quien Bolívar había hecho general por su acción en la batalla de Pichincha junto a Sucre, presidía la República de Bolivia. Pese a todo, es el hombre que después de haber contribuido a la ruptura de la unidad bolivariana, se propone rehacerla entre Bolivia y Perú. Invitado por el Presidente Orbegoso a contribuir al orden público en el Perú, convulsionado por las revueltas militares, Santa Cruz se resuelve al fin, llamado por el Congreso peruano, a entrar con sus tropas al Perú. Lucha con Salaverry, lo vence y lo fusila, expulsa a Gamarra y constituye la Confederación Perú-Boliviana. La noticia de la Confederación conmovió al sistema político de América del Sur. En primer lugar de Chile y de la Confederación Argentina[76]. La historia común del Bajo y el Alto Perú, sus

---

California, Texas, Nuevo México, Arizona, Utah, Nevada y parte de Colorado, pertenecientes a Estados Unidos desde 1848.

(76) Hugo Guerra Báez, **Portales y Rosas,** p. 176, Ed. del Pacífico; Santiago de Chile, 1958. Importa señalar que a Santa Cruz lo apoyan el Sur de Perú y Bolivia; pero el Norte Limeño y virreinal, siempre fue hostil al mestizo Serrano.

analogías raciales, históricas, lingüísticas y económicas volvían la unidad política un resultado necesario. Por otra parte, Santa Cruz había sido Presidente del Perú y Mariscal de sus fuerzas armadas. Pero los factores separatistas comenzaron a minar rápidamente la construcción confederal. El principal enemigo de la Confederación resultó ser el dictador de Chile, Diego Portales, representante de esa rancia combinación de comerciantes y terratenientes conservadores que era la clase dominante chilena. El mismo era un comerciante de Valparaíso, el puerto extranjero por excelencia de Chile, el Buenos Aires del Pacífico. La reformulación de la Confederación Perú-Boliviana significaba, entre otras cosas, hacer del puerto del Callao un puerto más importante en el comercio del Pacífico que el de Valparaíso. De este modo, Portales desecha todas las propuestas del boliviano para negociar y declara la guerra a la Confederación. Pero Además de Portales, había otro Canning criollo del burlesco equilibrio sudamericano al otro lado del Atlántico. Era Juan Manuel de Rosas. La perspectiva de una Confederación Perú-boliviana, cuyo ejemplo podría despertar las viejas vinculaciones del Norte argentino con las provincias del Alto Perú, acarrearía problemas serios al poder hegemónico que Rosas se proponía mantener sobre las provincias restantes. Aunque Rosas rehusaba organizar constitucionalmente a las Provincias Unidas, para no entregar los recursos aduaneros de Buenos Aires a un poder nacional, tampoco estaba dispuesto a permitir que Santa Cruz pudiese eventualmente atraer al seno de su Confederación a algunas provincias del Norte argentino hartas del centralismo porteño. Las tropas chilenas invadieron el Perú acompañadas por el Gral. Agustín Gamarra y otros generales peruanos opuestos a la Confederación. Las maniobras diplomáticas y militares del astuto Santa Cruz resultan inútiles ante la vastedad de las fuerzas chilenas y peruanas[77] que se unen contra la Confederación. Santa Cruz abandona Lima y Gamarra se hace proclamar Presidente del Perú. En ese momento hay siete Presidentes en el Perú: Orbegoso, Gamarra, Santa Cruz, Riva, Agüero, Pío Tristán, Nieto y Vidol[78]. Poco después, Santa Cruz es deshecho en la batalla de Yungay por el Gral. Chileno Manuel Bulnes. Simultáneamente el Vicepresidente de Bolivia, Gral. Velasco, se subleva contra su jefe en Tupiza y felicita al chileno Bulnes por su victoria sobre la Confederación. El 16 de julio de 1839 se instala en Chuquisaca el Congreso "Nacional" con la presidencia de José Ma. Serrano, incondicional de Santa Cruz y de su política hasta ese momento. Serrano, sin embargo, fulmina a Santa Cruz. El Congreso declara "a Don Andrés Santa Cruz, Presidente que fue de Bolivia, insigne traidor a la Patria, indigno del nombre boliviano, borrado de las listas civil y militar de la República y puesto fuera de la Ley desde el momento en que pise su territorio"[79].

La ruptura centroamericana con la metrópoli española ocurrió en 1821. Pero la independencia en México derivó hacia la coronación como Emperador del Gral. Iturbide. La proximidad de Guatemala y los vínculos antiguos que ambos territorios mantenían sugirió a Iturbide la idea de anexarse Centroamérica. La ruptura de este violento vínculo, no aceptado por todas las provincias centroamericanas, se produjo con la caída del efímero Imperio Mexicano y el Congreso Centroamericano de 1823, que declaró la independencia política de España tanto como de México. A partir de esa fecha el antiguo Reino de Guatemala comenzó a llamarse Provin-

---

(77) Rosas no pasó de provocar algunas escaramuzas en la frontera por medio del Gral. Heredia, Gobernador de Tucumán, y dejó morir de languidez su declaración de guerra.

(78) Alfonso Crespo, **Santa Cruz,** Ed. Fondo de Cultura Económica, p. 284; México, 1944.

(79) Íbid., p. 321.

cias Unidas de Centroamérica. El mismo Congreso llamaba a celebrar una Asamblea para constituir una Confederación que representase a la gran familia americana. El inspirador de la idea fue el hondureño José Cecilio del Valle, la figura intelectual más notable de la independencia. Al Gral. Francisco de Morazán le correspondió la tarea de poner en marcha la República Federal de Centroamérica. Gobernó esa región durante ocho años e influyó en Centroamérica casi dos décadas. Es la figura política y militar más notable del período, pero su programa debió desenvolverse en una lucha incesante contra las facciones del separatismo centroamericano que sometieron a la República unificada a una guerra civil sin cuartel. La política separatista de los pequeños políticos regionales encontró un interesado sostén en las intrigas diplomáticas británicas. Complicado el objetivo de la unión federal con el antagonismo artificial entre católicos y liberales, la fuerza motriz del separatismo fue sin duda la misma que en el resto de la América Hispánica. En efecto, así como en San Salvador, desde los últimos días coloniales los poderosos productores de añil eran el más importante factor político de esa provincia, en los restantes Estados minúsculos los intereses exportadores-importadores se agrupaban bajo las más diversas políticas para imponer sus privilegios vinculados al mercado mundial. En 1837 Rafael Carrera conquista Guatemala y la separa de la Unión Centroamericana. La disolución de la República Federal de Centroamérica en 1838 quedó formalizada cuando el Congreso Federal declaró que "son libres los Estados para constituirse del modo que tengan por conveniente"[80]. La pérdida de Guatemala deshace a la Confederación. El Salvador, Honduras, Nicaragua y Costa Rica se constituyen en pequeños Estados republicanos. Salvo en Costa Rica, donde está comenzando la expansión del café, poco ha cambiado en esos despoblados rincones del

---

(80) V. Ricardo Gallardo, **Las Constituciones de la República Federal de Centro-América,** Instituto de Estudios Políticos, p. 268; Madrid, 1958.

imperio español. En Guatemala, el dominio de Carrera que duró hasta su muerte en 1865 se prolongó durante treinta años, estimulando en los restantes cuatro estados su división permanente. En 1849 se realizó una nueva tentativa de unión bajo el nombre de Representación Nacional de Centroamérica, ante la amenaza de una intervención imperialista extranjera: los filibusteros al servicio de los Estados Unidos sembraban la alarma en Centroamérica. Gran Bretaña, por su parte, pretendía extender su influencia en los territorios Mosquitos, pertenecientes a Nicaragua y Honduras, mediante la artificial creación de la monarquía Mosquitia. Nuevamente en 1852 se realiza en Honduras, con la oposición de Carrera, una tentativa de reunión nacional constituyente de Centroamérica. Las campañas militares de los restantes Estados de la época para derrocar a Carrera e imponer la unidad del Istmo fracasaron, pues justamente el mayor poder económico exportador de Centroamérica residía en Guatemala, cuya clase terrateniente apoyaba a Carrera. Al mismo tiempo, Costa Rica reñía con Nicaragua por cuestiones territoriales sobre sus respectivos derechos en la región de Guanacaste, heridas limítrofes ahondadas y envenenadas por el cónsul inglés Chatfield, que promovía en ese momento un bloqueo de los puertos salvadoreños con el argumento de ciertas deudas. Guatemala perdía, en tales circunstancias (1851), el territorio de Belice, que pasaba a manos de Inglaterra, no obstante, que esta última apoyaba sin embozo a Carrera. Entre Estados Unidos e Inglaterra, Centroamérica era despedazada. Mientras Inglaterra renunciaba a sus presuntos derechos sobre el futuro Canal en el Istmo, en favor de Estados Unidos, éste último permitía, en canje, que Inglaterra aumentase tres veces su territorio de Belice. El Presidente Carrera suscribió un monstruoso tratado con Inglaterra por el cual cedía a ésta última el territorio de Belice, a cambio de la construcción de un camino desde la ciudad de Guatemala hasta la Costa atlántica. El camino no fue construido jamás, pero Inglaterra no devolvió Belice[81].

Muerto Carrera, asumió el poder en Guatemala en 1873 el Gral. Justo Rufino Barrios. Era un liberal nacionalista, resuelto partidario de la unidad centroamericana. El Gral. Barrios expidió un Decreto de Unión el 28 de febrero de 1875 declarando la creación de una sola República de Centroamérica y asumiendo el carácter de Supremo Jefe Militar de la Nación. Con Este golpe bismarkiano, Barrios aspiraba a cortar de un solo tajo la serpiente secular de la discordia. Pero todos los gobiernos centroamericanos se opusieron a una unión por la fuerza y reclamaron ante los gobiernos extranjeros en particular ante México, gobernado por el déspota Porfirio Díaz. Este respondió movilizando al ejército mexicano hacia la frontera de Guatemala. En su sesión del 19 de marzo de 1885 el Senado de los Estados Unidos declaraba que "todo intento de Unión por la fuerza con las demás Repúblicas de Centroamérica, lo consideraría como inamistosa y hostil intervención en sus derechos, por estar pendiente el tratado sobre el Canal interoceánico"[82]. Las acciones militares concluyeron con la derrota de Barrios y con su propia vida en la batalla de Chalchuapa. El resto de las tentativas de unión centroamericana pertenece más a la historia de la literatura jurídica que a la historia misma. Estados Unidos,

---

(81) Jorge Abelardo Ramos, Ob. Cit., pp. 340-341. Belice era una fuente de pingues beneficios para Gran Bretaña, pues los leñadores ingleses cortaban palo campeche o palo Brasil, que obtenían altas cotizaciones en el mercado mundial. La codicia británica por Belice se remontaba al siglo XVIII. Los ingleses habían poblado ese territorio guatemalteco con negros y zambos originarios de Jamaica, entre ellos muchos condenados a presidio. El corte de palo de campeche era la actividad principal de los leñadores, al mando de británicos. Un siglo antes de la independencia se llegó a exportar hasta 5,800 toneladas de palo de Campeche por año. La tonelada se pagaba en esa época hasta 100 libras esterlinas. (Jorge Abelardo Ramos, Ob, cit., p. 341).

(82) V. Ricardo Gallardo, Ob. cit., p. 451.

como antes Inglaterra, se oponía a toda unidad latinoamericana. A estas frustradas tentativas por construir un Estado unitario centroamericano en el siglo XIX, seguirán en el siglo XX las invasiones y ocupaciones sucesivas y regulares de los infantes de marina yanqui. Adquirirán así la condición de "territorios ocupados"—Nicaragua, Santo Domingo y Cuba— y se forjaría la tradición europea de "Repúblicas de bananas".

La lucha violenta por la unificación nacional de América Latina había concluido pues, con la caída de Artigas, San Martín, Bolívar, Santa Cruz, Morazán y Barrios; había durado medio siglo. Los últimos ecos de esa lucha se manifestarían en el terreno de la política y la diplomacia en lo que resta del siglo XIX. Pero la tendencia es declinante. De la unidad a través de las armas, se pasará a débiles escaramuzas por medio de la diplomacia. Y así como a la unidad bolivariana ha sucedido la posterior fragmentación en "pequeñas republiquetas" (como llamó Bolívar a estos Estados abortados), ahora seguirá la mutilación territorial (México) y hasta la cínica creación de Estados elaborados (Panamá).

El programa que Bolívar había comenzado en Panamá en 1826 debía concluir en 1903, también en Panamá, convertido de cuna en sepulcro de la bandera bolivariana. Para construir el Canal Interoceánico contra la voluntad del Senado colombiano después del rechazo del Tratado Herran-Hay, el gobierno norteamericano apoyándose en la lumpen-burguesía- comercial istmeña, arrebataba su provincia norteña a Colombia y anunciaba al Mundo el nacimiento de un nuevo Estado "soberano".

V. LA NATURALEZA DE LOS ESTADOS EN AMÉRICA LATINA

1. UNA FALSA CONCEPCIÓN DEL ESTADO EN AMÉRICA LATINA

La verdadera dificultad cuando se trata de analizar la esencia del Estado en América Latina, no surge de la ininteligencia del Estado como tal, es decir, el Estado como instrumento de dominación de clase sino de la incapacidad o ambigüedad que ha revelado el pensamiento latinoamericano para precisar, en primer lugar, la **naturaleza** y las clases **sociales especificas** que gestaron su aparición, y; en segundo, problematizar, en su justa dimensión, la funcionalidad o disfuncionalidad de la cuestión de la **nación.**

Una extraña coincidencia de los estudiosos latinoamericanos ha instituido como postulado axiomático una opinión generalizada en el pensamiento regional. Esta opinión sostiene que los Estados que surgieron de las luchas de independencia en América Latina se establecieron, organizaron y consolidaron como Estados nacionales. Casi todas las concepciones históricas, económicas, políticas y sociológicas, no importa cuál sea la orientación ideológica de sus autores convergen en este punto.

"La primera mitad del siglo XIX —señala por ejemplo Furtado— se distingue, en América Latina, por las luchas de independencia y por el proceso de formación de los Esta-

dos nacionales "[1]. El mismo autor intitula, "De la Conquista a la Formación de los Estados Nacionales", la primera parte de su obra, **La Economía Latinoamericana desde la conquista ibérica hasta la revolución cubana** *[...] "Buena parte del siglo XIX —agrega Sunkel y Paz— fue un período durante el cual se establecieron, organizaron y consolidaron los Estados Nacionales en América Latina "[2]. Esta concepción también la comparten los marxistas latinoamericanos, algunos de ellos de la CEPAL. "La perspectiva adoptada en este ensayo —subrayan los autores de* **Dependencia y desarrollo en América Latina**— *requiere analizar tanto las condiciones como las posibilidades de desarrollo y de consolidación de los estados nacionales latinoamericanos según como los grupos sociales locales logran establecer su participación en el proceso productivo y consiguieron definir formas de control institucional capaces de asegurarla "[3]. "El proceso de formación del Estado nacional —apunta Torres Rivas—, como proyecto político de reconstitución del poder colonial, fragmentado por la guerra civil postindependentista y debilitado por la ausencia de una economía de mercado interno, es el punto de partida de la explicación del poder y la política en Centroamérica "[4]. "Formados como Estados nacionales en el ámbito de la crisis del sistema colonial y en el contexto de la emergencia de un nuevo sistema de dominación internacional —remarca por otra parte Weffort—, los países latinoamericanos son originaria*

---

(1)   Celso Furtado, **La Economía Latinoameicana desde la Conquista Ibérica hasta la Revolución** Cubana, Ed. Universitaria; p. 3; Santiago, Chile, 1969.

(2)   Osvaldo Sunkel con colaboración de Pedro Paz, **El Subdesarrollo latinoamericano y la Teoría del Desarrollo;** Siglo XXI, 1a. Ed., p. 314; México, 1970.

(3)   Fernando Henrique Cardoso y Enzo Faletto, **Dependencia y Desarrollo en América Latina.** (Ensayo de interpretación sociológica); Siglo XXI, 6a. Ed. p. 39; México, 1972.

(4)   Edelberto Torres Rivas, *Síntesis histórica del proceso político;* en **Centroamérica hoy;** Siglo XXI, 2a. Ed., p. 12; México, 1976.

y constitutivamente dependientes"[5]. [...] "La Constitución de los Estados Nacionales —añade Cardoso— tiene que ser referida histórico-estructuralmente tanto al liberalismo de la primera fase de la expansión capitalista industrial como a la simbiosis entre los intereses privatistas y los intereses burocrático-estatales que la expansión anterior constituyera desde el período colonial"[6]. "La burguesía pampeana y sus prolongaciones urbanas —anota O'Donnell— se engarzaron directamente —constituyéndolo— con el Estado Nacional, no con el Estado regional que en el resto de América Latina fue tantas veces el principal ámbito de poder político de las respectivas clases dominantes"[7]. "Con Mitre —agrega Cortés Conde— se dieron las bases de un estado nacional que quedaría definitivamente organizado durante la época de Roca[8]. "El desarrollo del capitalismo dependiente en cada uno de los países latinoamericanos —indica Arnaldo Córdova—está íntimamente relacionado con el desarrollo del Estado nacional y con su acción unificadora de las sociedades nacionales"[9]. [...] "En Chile –señala Almeyda–, a diferencia de los demás países latinoamericanos,

---

(5) Fco. C. Weffort, *Clases Populares y Desarrollo Social,* en **Populismo, Marginación y dependencia (ensayos de interpretación sociológica),** EDUCA; 1a. Ed. p. 39; Costa Rica, 1973.

(6) Fernando Henrique Cardoso, *Notas sobre el Estado actual de los Estudios sobre la dependencia,* en **Desarrollo latinoamericano** (ensayos críticos), Selección de José Serra, F.C.E., 1a. Ed.; pp. 353-354; México, 1974.

(7) Guillermo O'Donnell, *Estado y Argentina, 1956—1976.* Documento CEDES/G.E.CLACSO/No. 5, presentado en el Simposium sobre **Estado y Desarrollo en América Latina,** Universidad de Cambridge, p. 9; 12—16 de diciembre de 1976; Buenos Aires, octubre 1976 (mimeo).

(8) Roberto Cortés Conde, *Problemas del crecimiento industrial de Argentina,* en la revista **Desarrollo Económico,** No. **12;** Vol. 3; abril-septiembre, 1963.

(9) Agustín Cueva, Arnaldo Córdova, Clodomiro Almeyda, Ruy Mauro Marini, Sergio Bagú, *El Estado en América Latina* (mesa redonda), en **Revista Mexicana de Ciencias Políticas y Sociales,** (F.C.P.S., UNAM) No. 82; p. 14; octubre—diciembre, 1975.

las fuerzas armadas no jugaron, una vez lograda la independencia, un papel determinante y esencial en la Constitución del Estado nacional"[10]. "Es cierto que países como Chile —observa Agustín Cueva—, y poco más tarde Uruguay, Costa Rica y Argentina, logran superar antes que otros su período de 'anarquía' y consolidan Estados nacionales relativamente estables y homogéneos"[11]. "Como clase ascendente (la clase latifundista —JETA—) hizo la independencia del país en 1822 y organizó el Estado nacional"[12]. "Desde finales del siglo XVIII hasta el segundo tercio del siglo XIX —subraya Soler— correspondió al liberalismo la tarea de dar dirección y sentido a la formación de los diferentes Estados nacionales hispanoamericanos"[13].

Pues bien, este postulado axiomático incontrovertible me parece absolutamente cuestionable. Más aún, ha impedido, a mi juicio, la elaboración de una explicación adecuada, teóricamente fértil y políticamente eficaz, de la cuestión del Estado en América Latina.

Admitir que los Estados que surgieron de la independencia se constituyeron y organizaron como **Estados nacionales** significa reconocer, con todas sus implicaciones, que en la primera mitad del siglo XIX se había **consolidado** en América Latina el proceso histórico de la formación de la **Nación,** es decir, que "las naciones —como afirma Ricaurte Soler— **preexisten a la formación** de una burguesía industrial y a la consolidación del modo de producción capitalis-

---

(10) Íbid., p. 22.

(11) Íbid., pp. 42-43.

(12) Guerrero Ramos, *A dinámica da sociedade política no Brasil*, **Revista Brasileira de Estudos Políticos,** No. 1, p. 30; dezembro de 1956.

(13) Ricaurte Soler, *La Independencia de Panamá de Colombia (Sobre el problema nacional hispanoamericano)*, en revista **Tareas** No. 25, p, 94; Panamá, noviembre 1972-mayo 1973.

ta"[14], o aceptar con Samir Amin que [...] "la nación es un fenómeno social que puede aparecer en todas las etapas de la historia, y que no es necesario ni exclusivamente correlativo al modo de producción capitalista"[15]. Y admitir semejantes posiciones sería no sólo reñir con la realidad histórica del Continente sino invalidar la tesis sólidamente elaborada e históricamente confirmada de la cuestión nacional en el marxismo-leninismo.

Veamos más de cerca el problema.

2. LA NACIÓN Y LA FORMACIÓN DE LOS ESTADOS NACIONALES EN EUROPA EN EL SIGLO XVIII Y XIX. LA PARTICULARIDAD EN EL CASO DE LOS PAÍSES DE AMÉRICA LATINA

"Nación —señala Stalin— es una comunidad humana, estable, históricamente formada y surgida sobre la base de la comunidad de idioma, de territorio, de vida económica y de psicología, manifestada ésta en la comunidad de cultura"[16].

[...]"De suyo se comprende que la nación, como todo fenómeno histórico, se halla sujeto a la ley del cambio, tiene su historia, su comienzo y su fin. Es necesario subrayar –agrega Stalin– que ninguno de los rasgos indicados, tomado

---

(14) Ricaurte Soler, Ob. cit., p. 96.

(15) Samir Amin, **Categorías y Leyes fundamentales del capitalismo;** Ed. Nuestro Tiempo; 2a. Ed., p. 31; México, 1975.

(16) J. V. Stalin, *El marxismo y la cuestión nacional,* en **Obras Completas** en 17 Tomos; Edit. Actividad EDA; 1a. Ed.; Tomo 2; p. 316; México, 1977. Cursivas de Stalin.

*aisladamente, es suficiente para definir la nación. Más aún, basta con que falte aunque sea uno de estos rasgos, para que la nación deje de serlo. **Sólo la presencia conjunta de todos los rasgos distintivos forma la nación** "*[17].

A pesar de las afirmaciones de Michael Lówy, ésta era, sin duda alguna, la concepción de Lenin y del partido "bolchevique" que él encabezaba[18].

____

(17) Íbid., pp. 316-317. Cursivas de Stalin.

(18) "Del famoso artículo de Stalin 'El Marxismo y la Cuestión Nacional'; es cierto —sostiene Lówy— que fue Lenin quien mandó a Stalin a Viena a escribirlo […] Pero una vez que el artículo estuvo terminado, pareció (contrariamente al mito popular) que Lenin no estaba particularmente entusiasmado con él, ya que no lo menciona en ninguno de sus numerosos escritos sobre la cuestión nacional, aparte de una corta referencia de pasada y entre paréntesis, en un artículo fechado el 28 de diciembre de 1913 […] En un cierto número de puntos medianamente importantes del trabajo de Stalin —subraya—, difiere, implícita y explícitamente, e incluso contradice los escritos de Lenin […] Por la sencilla razón de que 'es sólo cuando todas estas características (lenguaje común, territorio, vida económica y formación síquica) están presentes juntas que tenemos una nación', Stalin dio a su teoría un carácter dogmático restrictivo y rígido que uno nunca encuentra en Lenin [...] En ninguna parte de los escritos de Lenin -agrega- encontramos una 'definición' de nación tan primaria, rígida y arbitraria".(Michael Lowy, *Los marxistas y la cuestión nacional*, en la revista **Ideología y Sociedad**, Bogotá, Colombia, enero-marzo de 1977, pp. 22-23). Esta posición de Michael Lowy nos parece equivocada. En primer lugar, no es correcto afirmar que en un cierto número de puntos medianamente importantes el "trabajo de Stalin contradice los escritos de Lenin" y menos aún que éste "no estaba particularmente entusiasmado con él, ya que no lo menciona en ninguno de sus numerosos escritos sobre la cuestión nacional". ...El artículo "El Marxismo y la cuestión nacional" fue escrito a fines de 1912 y comienzos de 1913 en Viena. A propósito del artículo, en febrero (nuevo cómputo) de 1913 Vladimir Ilich escribía a A.M. Gorki: "Entre nosotros se halla ahora un maravilloso georgiano que está escribiendo un extenso artículo para Prosveschenie. A este fin ha reunido todos los materiales austríacos y otros". (Nota del archivo del Instituto Marx-Engels-Lenin, en J.V. Stalin, Ob. cit., p. 429). En 1913 se publicó por primera vez, con la firma de . K. Stalin, en los números 3, 4 y 5 de la revista **Prosveschenie**, con el título *La cuestión nacional y la social-democracia*. Más aún, al saber que se pensaba estimar el artículo de J.V. Stalin como artículo de discusión, Lenin se opuso de manera resuelta: "Como es natural, nosotros estamos absolutamente en contra. El artículo es muy bueno. La cuestión es batallona y no cederemos ni una pulgada de nuestras posiciones de principio frente a la canalla bundista". (Íbid., p. 429). Por otra parte, al poco

De acuerdo a esta concepción, "la nación no es simplemente una categoría histórica, sino una categoría histórica de una determinada época, de la época del capitalismo ascensional. El proceso de liquidación del feudalismo y de desarrollo del capitalismo es, al mismo tiempo, el proceso en que los hombres se constituyen en naciones. Así sucede,

---

de la detención de J.V. Stalin, en marzo de 1913, V.I. Lenin escribía a la redacción de Sotsial- Demokrat: […] "Hemos sufrido detenciones dolorosas. Han detenido a Koba [...] Antes de su detención ha podido escribir un extenso artículo (para tres números de Prosveschenie) sobre la cuestión nacional. ¡Muy bien! Hay que combatir por la verdad contra los separatistas y oportunistas del Bund y de los liquidadores" (Íbid., p. 429). En 1914 el artículo de J.V. Stalin fue publicado en folleto aparte, bajo el título *La cuestión nacional y el marxismo* por la Edit. **Priboi** de Petersburgo. El hecho de que Lenin no se refiriera en sus numerosos escritos posteriores sobre la cuestión al trabajo de Stalin se explica precisamente en esa "corta referencia de pasada" a la que hace mención Lowy. En el artículo "acerca del programa nacional del P.O.S.D.R.", (escrito el 28 de diciembre de 1913) Lenin señalaba: "En esta resolución se indica en detalle por qué y de qué modo el problema nacional ha pasado a ocupar hoy un lugar destacado tanto en toda la política de la contrarrevolución y en la conciencia de clase de la burguesía, como en el partido proletario socialdemócrata de Rusia. En verdad no creemos que haya necesidad de pararse a tratar de ello ya que los términos de la cuestión están completamente claros. En la literatura teórica marxista, esta cuestión y las bases del programa nacional social demócrata han sido esclarecidas en el último tiempo. (Se alude a la obra de J.V. Stalin "El marxismo y el problema nacional […] Por eso estimamos que en el presente artículo (y en los sucesivos –JETA-) será oportuno limitarse a plantear el problema desde un punto de vista puramente partidista y explicar lo que la prensa legal, oprimida por el yugo de Stolypin-Maklakov, no puede decir. (V.I. Lenin, *Acerca del programa nacional del P.O.S.D.R.*, en **Obras Completas,** Editorial Cartago, tomo XIX, p. 533, Buenos Aires, 1960) Cursivas de JETA. En cuanto a la afirmación de Lowy de que "Stalin dio a su teoría un carácter dogmático, restrictivo y rígido que uno nunca encuentra en Lenin", por el hecho de que Stalin subraye que "sólo la presencia conjunta de todos los rasgos distintivos forman la nación", también nos parece errónea, pues éstos son los elementos que constituyen la esencia de la nación como fenómeno y es lógico y natural que al faltar uno solo de estos rasgos la nación deje de serlo. Lo mismo ocurriría si alteráramos la esencia de cualquier sustancia química. Si por ejemplo a H2O le elimináramos la molécula de oxigeno, el agua dejaría de serlo; si de H2O2 separamos una molécula de oxigeno, el agua oxigenada (H2O2) se convertiría en simple agua (H2O), es decir en una sus¬tancia total y cualitativamente distinta. Por lo demás, [...]"la suge rencia de Trotsky -a la que se refiere Lowy- de que el artículo fue - inspirado, supervisado y corregido 'línea por línea' por Lenin, nos parece acertada (Trotsky, Stalin, Vol. I, p. 233, Londres 1969, cita¬do por Michael Lowy, Ob. cit., p. 22).

por ejemplo, en la Europa Occidental. Los ingleses, los franceses, los alemanes, los italianos, etc., se constituyeron en naciones bajo la marcha triunfal del capitalismo victorioso sobre el fraccionamiento feudal.

"Pero allí —subraya Stalin—, la formación de naciones significaba, al mismo tiempo, su transformación en Estados nacionales independientes. Las naciones inglesa, francesa, etc., son, al mismo tiempo, los Estados inglés, etc. "[19]

Aquí surge la segunda gran divergencia con Ricaurte Soler, uno de los pocos autores, que tratan de fundamentar teóricamente la existencia de naciones latinoamericanas y, por tanto, de Estados nacionales, durante el siglo XIX.

De la lectura de los párrafos anteriores de la obra de Stalin, particularmente de la afirmación de que la "nación" es "una categoría histórica", "de la época del capitalismo ascensional", Soler concluye:

*"Es pues, claro, que la formación nacional es inseparable de un determinado período **de transición:** el que define el proceso de liquidación del feudalismo y de desarrollo del capitalismo. Esa transición corresponde en Europa a diferentes cronologías, según las particularidades históricas nacionales. En hispanoamérica esa transición, para las naciones de menor retraso, se extiende desde finales del siglo XVIII hasta el segundo tercio del siglo XIX"[20]. En otras palabras, para este autor, "las naciones preexisten a la formación de una burguesía industrial y a la consolidación del modo de producción capitalista "[21].*

---

(19) J.V. Stalin, Ob. cit., p. 323.

(20) Ricaurte Soler, Ob. cit., p. 96.

(21) Íbid., p. 96.

Esta interpretación de Stalin, que sirve de fundamento teórico a la concepción soleriana de la nación en hispanoamérica "desde finales del siglo XVIII hasta el segundo tercio del siglo XIX", y a la formación de los Estados nacionales, nos parece absolutamente errónea.

El propio Soler cae aquí en una contradicción, pues, reconoce, por una parte, que **la época del capitalismo ascensional** corresponde a un determinado periodo de transición: "el que define el proceso de liquidación del feudalismo y de desarrollo del capitalismo", y, por otra parte, niega que este periodo sea inseparable de la época de las revoluciones burguesas en Europa Occidental, es decir, del triunfo de la burguesía industrial y de la consolidación del modo de producción capitalista.

A este respecto, Lenin es muy claro.

*"En todo el mundo –afirma–, la época del triunfo definitivo del capitalismo sobre el feudalismo estuvo ligada a movimientos nacionales. La base económica de estos movimientos estriba en que, para la victoria completa de la producción mercantil, es necesario que la burguesía conquiste el mercado interior. [...] En la Europa Occidental, continental –agrega más adelante–, la época de las revoluciones democrático-burguesas abarca un intervalo de tiempo bastante determinado, aproximadamente de 1789 a 1871. **Esta fue precisamente la época de los movimientos nacionales y de la creación de los Estados nacionales**"[(22)].*

Por tanto, el proceso de culminación histórico de la nación y la formación de los Estados nacionales en Europa Oc-

---

(22) V.I. Lenin, *Sobre el derecho de las naciones a la autodeterminación* en **Obras Escogidas** (en tres tomos); Editorial Progreso, pp. 616 y 624; Moscú, 1966. (Cursivas de JETA).

cidental corresponde, en contra de lo que sostiene Soler, a la época de las revoluciones democrático-burguesas, es decir, del triunfo de la burguesía industrial y de la consolidación del capitalismo. Es dentro de este marco que hay que entender a la nación como una categoría histórica de la época del capitalismo ascensional.

De suyo se comprende la segunda afirmación errónea de Soler cuando sostiene que para las "naciones" de menor retraso, su período de formación se extiende desde finales del siglo XVIII hasta el segundo tercio del siglo XIX, así como la disfuncionalidad del principio dogmático, sostenido en la región por todas las corrientes del pensamiento latinoamericano, de que los Estados que surgieron de la independencia se organizaron y consolidaron como **Estados nacionales.**

Importa subrayar que la obra de Cardoso y Faletto, **Dependencia y Desarrollo en América Latina,** es una de las manifestaciones más expresivas de la forma dogmática como se aplica este principio. Muchas de las posiciones de la teoría de la dependencia, al menos en la versión de estos autores, parte del supuesto de este principio axiomático que sirve de fundamento a toda su concepción del Estado en América Latina.

[...] "La creación de los estados nacionales, y el control de las economías locales —sostienen Cardoso y Faletto—, implican que las asociaciones de intereses de las clases y grupos económicamente orientados establezcan formas de autoridad y poder de tal modo que constituyan un orden legítimo" [23]. *[...] "Las formas asumidas por las relaciones entre el sistema económico y el sistema de poder a partir del período de implantación de los estados nacionales independientes —afirman más adelante— dieron origen a posibilidades distintas*

---

(23) Fernando Henrique Cardoso y Enzo Faletto, Ob. cit., p. 39.

*de desarrollo y autonomía para los países latinoamericanos,
conforme a sus situaciones peculiares"[24]. [...] "A fin de comprender las situaciones presentes, de cuya problemática partimos —puntualizan seguidamente—, se requiere el análisis,
por somero que sea, de las situaciones históricas que explican
cómo las naciones americanas se vinculan al sistema mundial
de poder y a la periferia de la economía internacional[25]. [...]
"La formación de las naciones en América Latina —agregan— se hizo posible a través de grupos sociales locales cuya
capacidad para estructurar un sistema local de control político y económico varió justamente en función del proceso histórico de constitución en el periodo colonial[26].[...] "Como es
natural —precisan luego— el proceso de formación nacional
pudo darse con mayores posibilidades de éxito en el caso de
las colonias que se habían organizado como base agrícola de
la economía metropolitana[27]. "La ruptura del pacto colonial
y la formación de los estados nacionales implica, por lo tanto,
un nuevo modo de ordenación de la economía y de la sociedad local en América Latina"[28].*

*De allí, la justeza de la afirmación de Lechner cuando
anota que "el estudio de Cardoso y Faletto parte de la ins-
tauración de una nación independiente a través de las luchas
anticolonialistas. La existencia de la nación, identificada con
el Estado nacional, es el punto de partida. La nación no tiene
el status de una categoría explicativa sino que nombra el universo de análisis"[29].*

---

(24) Ibid., p. 39.

(25) Ibid., p. 40.

(26) Ibid., p. 40.

(27) Ibid., p. 41.

(28) Ibid., p. 42.

(29) Norbert Lechner, **La crisis del Estado en América Latina,** El Cid Editor;
p. 113; Caracas, 1977.

Planteadas las cosas de esta manera, no es difícil comprender por qué algunos autores sostienen que "la teorización sobre el Estado es una parte constitutiva del proceso de ruptura con las concepciones dependentistas, incapaces de dar cuenta de los procesos políticos sin caer en el reduccionismo"[30].

El proceso de formación de la nación no se ha consolidado en América Latina; la ausencia de una burguesía industrial genuina, es su explicación legitima. De allí, la imposibilidad de Estados Nacionales en el siglo XIX y en lo que va del XX. La burguesía industrial mexicana que lucha por afirmar su Estado nacional, podría ser la excepción del siglo XX en México, sin embargo, no existe hasta hoy sino un **Estado nacional inconcluso**[31].

---

(30) Liliana de Riz, , *Formas de Estado y Desarrollo del Capitalismo en América Latina*, en **Revista Mexicana de Sociología**, p. 439; abril-junio de 1977.

(31) Este es el único país del Continente que logró realizar una revolución democrático-burguesa. El resto de los intentos de revoluciones burguesas antioligárquicas, anti-feudales y anti-imperialistas (Guatemala 1944, Bolivia 1952, República Dominicana 1965, Perú 1968, para citar algunos ejemplos), se frustraron. La revolución mexicana que se inicia en 1910 derrocó políticamente al sector tradicional y moderno de la oligarquía y destruyó, en gran parte, su base económica. El ascenso al poder de la burguesía industrial nacional fue configurando un poder exclusivo de esta clase, que alcanza su expresión política e institucional en el PRI (Partido Revolucionario Institucional). ¿En qué consiste, pues, la dificultad de la consolidación del Estado nacional mexicano si después del derrocamiento político del sector tradicional y moderno de la oligarquía, que trajo consigo la revolución de 1910, fue la burguesía industrial la que ascendió al poder? ¿Por qué designamos a este Estado como un Estado nacional inconcluso? "El capitalismo en desarrollo -decía Lenin- conoce dos tendencias históricas en el problema nacional. La primera consiste en el despertar de la vida nacional y de los movimientos nacionales, en la lucha contra toda opresión nacional, en la creación de Estados nacionales. La segunda es el desarrollo y la multiplicación de vínculos de todas clases entre las naciones, la destrucción de las barreras nacionales, la formación de la unidad internacional del capital, de la vida económica en general, de la política, de la ciencia, etc. Ambas tendencias son una ley universal del capitalismo. La primera predomina en los comienzos de su desarrollo, la segunda distingue al capitalismo maduro que marcha hacia su trans formación en sociedad socialista". (V.1. Lenin, *Notas críticas sobre*

el problema nacional, en **Obras Completas,** Editorial Cartago, Tomo XX, pp. 26-27). Pues bien, el desarrollo de la burguesía industrial mexicana ocurre en la segunda fase del desarrollo capitalista, en la etapa de la destrucción de las barreras nacionales y de la formación de la unidad internacional del capital, es decir, en la época del imperialismo. Esto implica una fuerte penetración de capital foráneo y la vinculación con este capital de los sectores de la oligarquía moderna que fueron desalojados del poder político, como la desnacionalización de un sector significativo de la burguesía industrial-nacional. La división de la burguesía se expresa claramente en las organizaciones empresariales del país: CONCAMIN (Confederación de Cámaras Industriales), CONCANACO (Confederación de Cámaras de Comercio) y CANACINTRA (Cámara Nacional de la Industria de Transformación). El gobierno y los industriales nativos -sostenía Domingo Lavin, ex-presidente de la CANACINTRA en 1960 deben planear conjuntamente el desarrollo económico con el objetivo de asegurar el uso más efectivo del escaso capital disponible. En esta tarea de planificación se considera que la CANACINTRA, como una organización que verdaderamente representa los grupos productivos, es a quien debe consultar el gobierno, en lugar de organizaciones como la CONCAMIN y la CONCANACO que no son representativas del punto de vista económico nacionalista. (José Domingo Lavin, **Siempre,** diciembre 21 de 1960). "Filosóficamente unidas a estas organizaciones -apunta Davis Bendecio- surgió la Confederación de Centros Patronales que fue fundada por elementos disidentes cuando el gobierno obligó a todos los industriales y comerciantes a formar Cámaras. Estos elementos organizaron su Confederación de Centros Patronales en oposición a la intervención estatal en la industria bajo el General Cárdenas". (Davis Bendecio, The position of CANACINTRA on foreign investment; Master's Essay, p. 7, Columbia University, New York, 1962). En 1960, el Gobierno amplió sus actividades en ciertos campos como la petroquímica y penetró en nuevas industrias que anteriormente eran de dominio exclusivo del capital privado y extranjero. Esta expansión de la actividad gubernamental provocó sentimientos adversos, particularmente de los opositores tradicionales al punto de vista de la CANACINTRA, la CONCANACO, la CONCAMIN y la Confederación de Centros Patronales de la República Mexicana. En noviembre de 1960, estas tres organizaciones publicaron conjuntamente un artículo titulado "¿Qué camino, Sr. Presidente?" "Este documento -afirma Bendecio- contiene tres afirmaciones que definen su actitud: l) el gobierno adquiere empresas con fondos que debieran utilizarse para obras públicas; 2) el gobierno está conduciendo al país al Socialismo de Estado; 3) estamos presenciando el principio de una nueva política económica contraria al sistema establecido por la Ley de Propiedad Privada [...] libre empresa y responsabilidad pública "(Revista **Mañana,** diciembre 3 de 1960, p. 27; citado por Ibid., p. 17) "Está de más decir -agrega el autor-, que la actitud de la CANACINTRA fue absolutamente contraria a la expresada en ese documento y totalmente a favor de las acciones del gobierno en sus nuevas inversiones industriales" (Ibid., p. 17). "La petición más reciente de la CONCAMIN, CONCANACO y la Confederación de Centros Patronales al Presidente ha sido diseñada para limitar y restringir las medidas importantes que el Presidente López

Veamos la particularidad de la frustración histórica de la nación en América Latina.

A diferencia de la Europa Occidental donde la formación de naciones significaba al mismo tiempo su transformación en Estados nacionales independientes (las naciones inglesa, francesa, etc., son al mismo tiempo, los Estados inglés, francés, etc.), en la Europa Oriental se formaron Estados multinacionales, Estados integrados por varias nacionalidades. Tal es el caso de Austria-Hungría y de Rusia. En Austria, los más desarrollados en el sentido político resultaron ser los alemanes, y ellos asumieron la tarea de unificar las nacionalidades austriacas en un Estado. En Hungría, los más aptos para la organización estatal resultaron ser los magiares —el núcleo de las nacionalidades húngaras—, y ellos fueron los unificadores de Hungría. En Rusia, asumieron el papel de unificadores de las nacionalidades los grandes rusos, a cuyo frente estaba una potente y organizada burocracia militar aristocrática formada en el transcurso de la historia.

"Este modo peculiar de formación de Estados –señala Stalin– sólo podía tener lugar en las condiciones de un feudalismo todavía sin liquidar, en las condiciones de un capitalismo débilmente desarrollado, en que las nacionalidades relegadas a segundo plano no habían conseguido aún consolidarse económicamente como naciones integrales"[32].

Mateos ha estado tomando en interés del progreso de México" (José Domingo Lavin, "Contagio Mental de los Negociantes", **Siempre**, diciembre 15 de 1960, p. 15). Esta división de la burguesía mexicana y la fuerte presión que ejerce la Confederación de Centros Patronales sobre la política económica del Estado, unida a la influencia notable de los Estados Unidos sobre la economía y por ende sobre la política mexicana, es lo que impide, en mi opinión, la consolidación del Estado nacional, la existencia de un Estado nacional inconcluso en México.

(32) J.V. Stalin, Ob., cit., p. 324.

Pues bien, en América Latina no ocurrió ni lo uno ni lo otro; ni la formación de Estados nacionales, ni la formación de Estados multinacionales, no obstante que aquí se dieron, desde el punto de vista de lo que Samir Amin entiende por **etnia**, condiciones mucho más propicias que en Europa Occidental para la formación de la **nación** y, por lo tanto, de **Estados Nacionales.**

"La etnia y evidentemente no la raza– supone una comunidad linguística y cultural y una homogeneidad del territorio geográfico y sobre todo la conciencia de esta homogeneidad cultural"[33].

En América Latina se concentraron, en términos generales y a nivel Continental, todos estos elementos esenciales de la determinación de la nación. Más aún, tuvimos una clara conciencia de nuestra unidad lingüística, geográfica y cultural, que se expresó en el ideario bolivariano. La inteligencia de esa conciencia luchó activamente, con las armas y la diplomacia, por aquel sublime ideal de la Confederación de los Estados hispanoamericanos.

"La asociación de los cinco Estados de América –le escribía Bolívar a O'Higgins– es tan sublime en sí misma, que no dudo vendrá a ser motivo de asombro para la Europa"[34].

---

(33) Samir Amin, Ob. cit., p. 30. "La nación -apunta este autor- supone la etnia pero la rebasa. ¿En qué? La nación aparece si además, una clase social que controle el aparato central del estado, asegura una unidad económica a la vida de la comunidad. Esta definición es más amplia que la basada sobre el mercado capitalista; la clase en cuestión no es necesaria y exclusivamente la burguesía" (Ibid., p. 30). "Es a Zahrane -anota Samir Amin- a quien debemos esta idea de que el fenómeno nacional debe ser asociado a la existencia de una clase que asegura la unidad económica del país, y esta unidad económica debe ser entendida en sentido más amplio que el que procede del mercado capitalista" (ibid., p. 148). Naturalmente que esta concepción, por razones obvias, es mucho menos avanzada que la que sostiene Soler.

(34) Bolivar, **Documentos**, p. 107, Ed. Casa de las Américas, La Habana.

Idea que cobró forma en el Congreso anfictiónico de Panamá, que aprobó el 15 de julio de 1826, por unanimidad, el "Tratado de Unión Liga y Confederación perpetua entre las Repúblicas del Perú, Colombia, Centroamérica y Estados Unidos Mexicanos".

Tuvimos, pues, condiciones propicias, históricas y geográfico-naturales, y una clara conciencia política para formar una sola nación latinoamericana con sólidos Estados nacionales. Sin embargo, la realidad histórica fue otra: balcanización en "republiquetas" *y* ausencia de Estados nacionales, es decir, una nación inconclusa con Estados nacionales frustrados.

La única explicación a esa verdad histórica hay que buscarla, en mi opinión, en la ausencia de una burguesía industrial en el siglo XIX y en su autenticidad en el siglo XX. De allí, la justeza de la afirmación de Stalin cuando sostenía que..."ninguno de los rasgos indicados, tomado aisladamente, es suficiente para definir la nación [...] Basta con que falte aunque sea uno de estos rasgos, para que la nación deje de serlo"[35].

Los Estados que surgieron en América Latina después de la independencia, se organizaron y consolidaron como instrumentos de las **oligarquías** latinoamericanas. Algunas veces como expresión de la **oligarquía tradicional** (el caso, del Estado mexicano hasta el triunfo del liberalismo con Juárez, o del Estado brasileño de la época del Imperio); otras como forma de dominación de la **oligarquía moderna** (el Estado argentino durante todo el siglo XIX y prácticamente hasta el triunfo del radicalismo); y no pocas veces como un instrumento de la alianza entre la **oligarquía moderna y la oligarquía tradicional** (el Estado mexicano del porfiriato, o el Estado brasileño de la Primera República). Como ex-

---

(35) J. V. Stalin, Ob., cit., p. 316.

presión de la **oligarquía tradicional,** el **Estado oligárquico** defendía los intereses de los **conservadores,** es decir, de la gran aristocracia feudal o semifeudal; como forma de dominación de la **oligarquía moderna** fue siempre un Estado oligárquico al servicio del **liberalismo** (de los comerciantes importadores y de la burguesía exportadora). Desde esta perspectiva, el triunfo del **liberalismo** en América Latina era el triunfo del **Estado oligárquico moderno,** y su expresión más pura el Estado argentino del siglo XIX. Allí donde la derrota de los conservadores fue resultado de una larga guerra civil, el Estado oligárquico moderno no se configuró con predominio **exclusivo** de los **liberales,** sino con una fuerte participación de los conservadores; ya hemos citado el ejemplo del Estado porfirista.

Por tanto, los Estados que surgieron en América Latina después de la independencia, se organizaron y consolidaron como Estados oligárquicos. Y como las clases que servían de sostén a estos Estados no estaban vinculadas al mercado interno, es decir, interesadas en el desarrollo del capitalismo industrial, los Estados oligárquicos fueron siempre, por su naturaleza, antinacionales y extranjerizantes.

Estas clases negaron y destruyeron todas las condiciones favorables para el desarrollo del capitalismo que se presentaron en el continente.

[...] "El capitalismo –subraya Lenin– exige para su desarrollo Estados que sean lo más extensos y lo más centralizados [...] No cabe duda –agrega– de que la composición nacional homogénea de la población es uno de los factores más propicios para un intercambio económico libre, amplio y verdaderamente moderno [...] Se puede tener la seguridad, en ese sentido, de que entre las exigencias modernas

del capitalismo figurará la de la máxima homogeneidad nacional de la población, pues la nacionalidad, la identidad de idioma, es un importante factor para la plena conquista del mercado interior y para la libertad completa del intercambio económico "[36].

En América Latina, como ya indicamos, se dieron todos estos factores y, sin embargo, los resultados fueron inversos: fragmentación de la unidad latinoamericana y pleno liberalismo en contra de la naciente manufactura nacional.

Esta es otra forma de explicar por qué el capitalismo nacional no pudo ni ha podido desarrollarse, es decir, en otros términos, por qué resulta impropio hablar de nación y de Estados nacionales en el Continente, sobre todo en el siglo XIX.

Importa subrayar que en lo que a este punto se refiere, e inversamente a su concepción de la nación, Samir Arnin va mucho más allá que Soler.

"Las burguesías periféricas –señala el autor– no asumen las funciones de dirección y centralización de las economías de la periferia [...] La debilidad de la burguesía significará pues, **la ausencia de una nación burguesa y el carácter no nacional de la burguesía local**"[37].

Ambos autores coinciden, no obstante, en un punto común: en la negación del nacionalismo como una ideología burguesa.

---

(36) V. I. Lenin, Ob. cit., pp. 36, 37, 40 y 41.

(37) Samir Amin, Ob., cit., p. 34. Cursivas de Samir Amin.

"El hecho de que los primeros Estados nacionales exhiban un contenido burgués en razón del agente histórico que promovió su organización –anota Soler– ha conducido, sin embargo, a la ilegítima ecuación ser-burgués igual ser-nacional, olvidándose así la variada gama de mediaciones a través de las cuales las naciones se han constituido, y siguen constituyéndose, en la historia contemporánea y actual"[38]. Samir Amin, por su parte, remarca que la existencia de un mercado capitalista integrado como una exigencia de la nación en la concepción de Stalin [...] "conduce además a una conclusión política, que estaba, en su origen: que el nacionalismo es una ideología burguesa, y que la ideología del proletariado no debería tener nacionalidad. Aquí, como es frecuente –añade Amin–, el trotskismo no se diferencia, puesto que es hermano gemelo del stalinismo, y ambos son hijos legítimos aunque 'malditos' del leninismo"[39].

Esta conclusión consecuente con la posición de los autores resulta por inferencia equivocada.

A este propósito, he aquí lo que sostiene Lenin:

"El principio de la nacionalidad es históricamente inevitable en la sociedad burguesa, y, teniendo presente la existencia de esta sociedad, el marxista reconoce plenamente la legitimidad histórica de los movimientos nacionales. Pero para que este reconocimiento no se transforme en una apología del nacionalismo, es preciso que se limite rigurosa y exclusivamente a los elementos progresistas de tales movimientos, con el fin de que no contribuya a enturbiar la conciencia del proletariado con la ideología burguesa. Es

---

(38) Ricaurte Soler, **La nación hispanoamericana**; Ediciones Instituto Nacional de Cultura, Colección Cultural Pensamiento Nacional, pp. 73-74; Panamá, 1978.

(39) Samir Amin, Ob. cit., p. 30.

progresista el despertar de las masas después del letargo feudal; es progresista su lucha contra toda opresión nacional, su lucha por la soberanía del pueblo, por la soberanía nacional. [...] Pero más allá de este límite el proletariado no puede apoyar el nacionalismo, pues más allá empieza la actividad 'positiva' de la burguesía en su afán de consolidar el nacionalismo. Consagrar el nacionalismo en cierta esfera 'equitativamente limitada', 'constituir' el nacionalismo, levantar barreras sólidas y duraderas entre todas las naciones por medio de una forma particular: tal es la base ideológica y el contenido de la autonomía nacional cultural. Esta idea es burguesa de cabo a rabo, y falsa de un extremo a otro. El proletariado no puede prestar su apoyo a consagración alguna del nacionalismo; por el contrario, apoya a todo lo que ayuda a eliminar las distinciones nacionales y a derribar las barreras nacionales, todo lo que torna más estrecha la vinculación entre las nacionalidades, todo lo que lleva a la fusión de las naciones. Actuar de otro modo es ponerse de parte de la pequeña burguesía nacionalista reaccionaria"[40].

3. ALGUNAS VARIANTES ERRÓNEAS SOBRE LA NATURALEZA DEL ESTADO EN AMERICA LATINA

Para algunos autores el Estado latinoamericano del último tercio del siglo XIX y gran parte del siglo XX es un Estado oligárquico, nacional y dependiente.

"El estado nacional dependiente —apunta por ejemplo, Aníbal Quijano refiriéndose al Estado peruano—, que

---

(40) V.I. Lenin, Ob. Cit., pp. 26-27 (Cursivas de JETA)

cruzaba el problema de clase con el problema nacional, en relación con la hegemonía del capital imperialista, asumiría también, sobre nuevas bases, su continuidad oligárquica. En otros términos, emergía un estado oligárquico nacional-dependiente. Oligárquico por el modelo concreto de dominación política, pero de base social burguesa señorial, indepurada, conflictiva, pero combinada; nacional, por la condición formalmente independiente del estado-nación; dependiente (la palabra no es muy adecuada), porque la hegemonía del capital imperialista en las funciones del estado estaba revestida de la procedencia extranjera de la burguesía imperialista"[41].

Octavio Ianni, José Luis Reyna y Manuel Villa comparten la misma posición.

"Nos parece conveniente –anota Ianni– la argumentación de Quijano, en cuanto al carácter nacional-dependiente y al mismo tiempo oligárquico del estado peruano"[42]. "Según Quijano —agregan Reyna y Villa—, el estado peruano se constituye como oligárquico, nacional y dependiente. Esta esquemática caracterización, por lo demás imputable al estado latinoamericano con sus respectivas variantes nacionales, parece ser un punto que no requiere mayor discusión"[43].

---

(41) Anibal Quijano, *Imperialismo, clases sociales y Estado en el Perú:1895-1930,* en **Clases sociales y crisis política en América Latina (Seminario de Oaxaca)** organizado por el instituto de Investigaciones sociales de la UNAM, coordinado por Baúl Benítez, Siglo XXI, la. ed., p. 142, México, 1977.

(42) Octavio Ianni, *Clases subalternas y Estado oligárquico,* comentario a la ponencia de Anibal Quijano, en 0b. cit., p. 158.

(43) José Luis Reyna y Manuel Villa A. *Estructura y proceso en el análisis de la dominación en América Latina,* comentario a la ponencia de Anibal Quijano, en Íbid., p. 201.

"Fueron los países que al impulso del mercado mundial desarrollaron sus sectores agropecuarios –señala Arnaldo Córdova– los que más pronto lograron constituir sus oligarquías nacionales [...] Sin contar los diez años que duró la guerra de independencia en México, devastadora y ruinosa como ninguna otra en el continente, este país debió esperar cincuenta y cinco años para que comenzara la constitución, **manu militari** *del Estado oligárquico nacional, con la ascensión al poder del General Porfirio Díaz, "*[44].

Esta posición resulta a todas luces contradictoria. El Estado no puede ser **oligárquico** y [...] "en la medida en que garantizaba ante todo los intereses de una burguesía extranjera"[45] **dependiente**, y al mismo tiempo **nacional.** Menos aún, si [...] "en la coalición de poder político, las clases precapitalistas eran en lo inmediato predominantes como la base social concreta del estado"[46]. "Este era, en tal sentido –señala Quijano–, una combinación de burgués y señorial en su apariencia concreta y en esa apariencia lo señorial era predominante. Por otra parte, [...] la existencia misma de esa coalición del poder, así como la función estatal básica de garantizar la hegemonía del capital imperialista, hacían que a pesar de esa base señorial predominante, tanto como a través de ella, el estado tuviera en su función esencial un carácter burgués predominante"[47].

Un Estado con clases precapitalistas-señoriales como base social predominante y concreta, y con una función estatal básica de garantizar la hegemonía del capital imperia-

---

(44) Arnaldo Córdova, *Los orígenes del Estado en América Latina,* en la revista **Cuadernos Políticos,** México, octubre-diciembre de 1977» p. 34 y 38.

(45) Anibal Quijano, Ob., cit., p. 140.

(46) Íbid., p. 141.

(47) Ïbid., p. 141.

lista, no puede ser, en absoluto, un **Estado Nacional**, en los términos en que lo entiende el marxismo-leninismo. No es casual por ello, que Arnaldo Córdova sostenga que *"en el período comprendido en los dos primeros tercios del siglo XIX, llamado por los ideólogos porfiristas, con sobrada razón, [...] como el 'período de la anarquía', contempla un Estado nacional que lo es sólo de nombre; sin control efectivo sobre la población y el territorio, sin autoridad y contenido, por una mirada de poderes locales cuya autonomía era el signo indudable de la debilidad de los poderes centrales [...] Todo esto nos recuerda que el proceso de desarrollo de nuestro país, como en casi todos los países subdesarrollados, es esencialmente inverso al que se observa en la Europa Occidental, en donde la función unificadora la desarrolla un mercado nacional que se organiza al margen del Estado, también nacional, e incluso, obrando sobre este último como motor determinante"[48].*

Ciertos autores que intentan desprenderse de aquella concepción no logran dar el paso decisivo y, como consecuencia caen en continuas contradicciones. Tal es el caso de Francisco Weffort.

[...] "La clase de los grandes propietarios –subraya este autor–, si bien ha podido organizar Estados nacionales, no tiene condiciones para formular o para permitir que se efectúe históricamente un ideal de Nación desvinculado de la producción para el mercado externo"[49].

---

(48) Arnaldo Córdova, **La formación del poder político en México**; Editorial ERA. 2a. ed., pp. 9-10 México, 1972.

(49) Francisco C. Weffort, Clases populares y desarrollo social, en **Populismo, marginación y dependencia** (Ensayos de interpretación sociológica); Editorial Universitaria Centroamericana EDUCA, la. ed., p. 63; Costa Rica, 1973.

La contradicción es obvia: no se puede sostener que la clase de los grandes propietarios no tiene condiciones para formular un ideal de nación desvinculado de la producción para el mercado externo, y al mismo tiempo afirmar que esta clase ha organizado los Estados nacionales.

En un esfuerzo por reconocer su contradicción Weffort señala [...] *"que el Estado oligárquico es apenas parcialmente un Estado en el sentido que la historia europea configuró para este concepto"*[50].

"El proceso de formación del Estado —puntualiza al desarrollar esta idea— en los países europeos sigue un camino distinto. Como se sabe ellos se compatibilizan en lo esencial, con el proceso de formación de un mercado interno (incluido el de trabajo), con una burguesía industrial que asume la hegemonía política y conforma el Estado a su manera y a sus intereses [...] Se forma, pues, conjuntamente el Estado como Estado Nación y una burguesía industrial como burguesía nacional, en países que ya en esta etapa asumen una posición dominante en relación con amplios sectores del mundo no industrial"[51].

Por tanto, *"cuando nos referimos a la economía nacional del mismo modo que al Estado-Nación, nos enfrentamos desde el inicio con la paradoja de su vigencia en países originaria y constitucionalmente dependientes. De allí que el examen de las condiciones de vigencia del liberalismo nos conduce al examen del problema, más general, de la vigencia del Estado-Nación en países dependientes"*[52].

---

(50) Íbid., p. 63.

(51) Íbid., p. 41-42.

(52) Íbid., p. 58.

Esta contradicción que el propio Weffort pone de relieve, no hace más que expresar, según el autor, una paradoja anterior:

"La extraña composición entre Oligarquía Tradicional y Estado Liberal" [...][53]. *"Por razones de orden interno como por razones externas –anota– el Estado-Nación de un país dependiente está condenado, en la etapa llamada por los economistas de 'desarrollo hacia afuera', a tomar formas liberales sobre estructuras de contenido oligárquico"*[54]

"Dominación de las élites agrarias e ideología liberal, contenido oligárquico y formas democráticas, he ahí una de las raíces del Estado latinoamericano y una de las peculiaridades políticas de los países dependientes"[55]. *Sin embargo, [...]"la paradójica condición de los Estados Latinoamericanos no se agota al nivel de las relaciones entre el liberalismo y la oligarquía[...] Estas relaciones contradictorias no hacen más que expresar una paradoja más fundamental, la cual es la de los países que aunque dependientes del nivel de las relaciones económicas, procuraron de todos modos manifestarse con autonomía, como Estado-Nación, a nivel político"*[56].

Estos párrafos revelan la confusión del autor. Ya hemos dicho en diversas ocasiones que entre liberales y conservadores no existían contradicciones económicas **antagónicas.** Es por eso que el triunfo de los liberales no condujo a la destrucción de la base económica de los conservadores, sino a un Estado oligárquico que no era más que la expresión po-

---

(53) Íbid., p. 54-55.

(54) Íbid., p. 60.

(55) Íbid., p. 55

(56) Íbid., p. 62

lítica de la fusión de estos grupos. De allí que las formas liberales del Estado sobre estructuras de contenido oligárquico eran perfectamente compatibles. La **ex**traña composición no estriba, por tanto, entre oligarquía tradicional y Estado liberal, sino en el hecho de que estos países dependientes de acuerdo al autor, "procuraron de todos modos, manifestarse con autonomía, como **Estado-Nación**, a nivel político".

Ciertos estudiosos latinoamericanos consideran que en algunos países de la región, particularmente en México, el sistema ha empezado a adquirir, a partir de la década del cincuenta, los rasgos propios de un capitalismo monopolista de estado. Por tanto, el Estado ha asumido el carácter de un Estado del capitalismo monopolista.

"Conscientes de que los hechos históricos nunca pueden deslindarse en forma tajante y arbitraria –apunta Alonso Aguilar– quizá podría sugerirse, de manera tentativa, que el capitalismo mexicano empieza a convertirse en capitalismo monopolista de estado hacia fines de los años cuarenta y principios del siguiente decenio"[57]. *"A diferencia de otras épocas en que el Estado y el capital monopolista privado operaron con bastante independencia uno del otro —señala en otro lugar— en los últimos dos decenios han estrechado grandemente sus relaciones, surgiendo de la dinámica interna y de las contradicciones mismas del proceso de acumulación, la variante mexicana del capitalismo monopolista de Estado"*[58]. *"No cabe duda —indica por su parte Carmona— que son grandes los cambios operados en la sociedad mexicana a partir de los años veinte y especialmente desde*

---

(57) Alonso Aguilar M., *La Oligarquía;* en Jorge Carrión *y* Alonso Aguilar M., **La burguesía, la oligarquía y el Estado,** Ed. Nuestro Tiempo, la. ed., p. 170; México, 1972.

(58) Alonso Aguilar M., *Capitalismo monopolista de Estado, subdesarrollo y crisis*, en revista **Estrategia** No. 10, p. 58, julio-agosto, 1976.

hace un cuarto de siglo, cuando el país entra en la fase del capitalismo monopolista de Estado"[59]. "El tema —precisa Borón— posee una importancia de primer orden toda vez que el impresionante desarrollo del CME ha alterado la anatomía y el funcionamiento del Estado capitalista contemporáneo, tanto en las sociedades 'avanzadas' como en las periféricas y dependientes, lo cual ha comenzado a estimular el interés por el estudio de sus manifestaciones más sobresalientes. En América Latina la expansión del CME fue más reciente y se encuentra asociada tanto con la adopción de las políticas anticíclicas keynesianas como con los requerimientos del proceso de industrialización sustitutiva impulsado, en aquellos países que habían ya establecido una cierta base industrial con anterioridad a la crisis, por el crash de 1929"[60]. "El surgimiento del CME —agrega Semo— representa inevitablemente un cambio en la relación de fuerzas entre Estado y capital monopolista privado, y una relativa subordinación del primero. Los conflictos y fricciones que originará ese proceso será un aspecto muy importante de la realidad mexicana en las próximas décadas"[61].

Ha sido Enrique Semo quien mejor ha presentado la fundamentación teórica de esta concepción. He aquí su argumentación.

"En los países de desarrollo capitalista tardío y dependiente —sostiene este autor— los monopolios hacen su

---

(59) Fernando Carmona, *México: capitalismo monopolista de Estado y estructura del proletariado,* en revista **Estrategia** No. 5, p., 53, septiembre-octubre, México, 1975.

(60) Atilio Borón, *Nuevas formas del Estado latinoamericano,* en **Cuadernos Políticos** No. 15, pp. 36—37, enero-marzo; México, 1978.

(61) Enrique Semo, *Reflexiones sobre el capitalismo monopolista en México,* en la revista **Historia y Sociedad** No. 17, p. 29, México, 1978.

aparición muy pronto. Capitalismo y monopolio van unidos desde el principio. Sin embargo, una cosa es la existencia de monopolios y otra muy diferente, la fase monopolista del capitalismo. Un país sólo llega a ese periodo de su desarrollo, cuando se han creado las condiciones que hacen posible la transformación de los monopolios en el sector dominante del sistema, considerado en su conjunto. En México, los primeros grandes monopolios aparecen ya a principios del siglo XX. Sin embargo, la fase monopolista no se alcanza, sino en la década de los sesenta. Decía Lenin –continúa Semo– que si se quisiera estampar una definición sintética de la fase imperialista, podría decirse que el imperialismo es el estado monopolista del capitalismo. Las paradojas de la historia –añade– quieren que a finales del siglo XX, un grupo de países llegue a la fase monopolista del desarrollo, sin transformarse al mismo tiempo en imperialistas. Es decir, que estos países contarán con una burguesía monopolista, pasarán por todos los rigores del dominio de los monopolios, pero seguirán siendo importadores de capital y dependientes "[62].

Pues bien, esta posición nos parece evidentemente desacertada, y de consecuencias políticas funestas.

Ningún país subdesarrollado, por su misma situación, podría jamás encontrarse en la fase del capitalismo monopolista de Estado, es decir, en una fase donde el Estado asumiera el carácter de un Estado del capitalismo monopolista. Desde este punto de vista, es incompleta y por ende errónea, la afirmación de Semo de que "un país sólo llega a ese período de su desarrollo, cuando se han creado las condiciones que hacen posible la transformación de los monopolios en el sector dominante del sistema considerado en su conjunto", pues, el autor pierde de vista que [...]"el capitalismo se trocó

---

(62) Enrique Semo, Ob. cit., pp. 30-32. Negritas de Semo.

en imperialismo capitalista **únicamente** al llegar a un grado determinado, muy **alto**, de su desarrollo, cuando algunas de las características fundamentales del capitalismo comenzaron a convertirse en su antítesis, cuando tomaron cuerpo y se manifestaron en toda la línea los rasgos de la época de transición del capitalismo a una estructura económica y social más elevada"[63].

Por tanto, para que un país alcanzase la fase del capitalismo monopolista de Estado sería necesario que se hubiese transformado en un país imperialista con todo lo que ello implica, o sea que: 1) la concentración de la producción y del capital hubiesen llegado a un grado tan elevado de desarrollo, que los monopolios desempeñaran un papel decisivo en la vida económica; 2) hubiese surgido el capital financiero y la oligarquía financiera sobre la base de la fusión del capital bancario con el capital industrial; 3) la exportación de capitales, a diferencia de la exportación de mercancías, adquiriese una importancia particularmente grande; 4) se hubiesen formado asociaciones internacionales monopolistas de capitalistas que lucharan por la repartición económica del mundo; y, 5) estas asociaciones monopolistas de capitalistas exigieran una nueva división territorial del orbe.

Naturalmente que sería ilógico sostener que México, o cualquier otro país subdesarrollado, que ni siquiera ha logrado consolidar un Estado nacional, transita por una fase semejante; menos en una época en la que algunos de estos rasgos esenciales del imperialismo históricamente son inalcanzables.

---

(63) V.I. Lenin, *El Imperialismo, Fase Superior del Capitalismo*, en **Obras Escogidas** en tres tomos; Editorial Progreso, p. 761, Moscú, 1966 (Cursivas de JETA).

Por la misma razón, resulta igualmente ilógico concebir que para "finales del siglo XX un grupo de países llegue a la fase monopolista sin transformarse al mismo tiempo en imperialistas"; es decir, que estos países dispongan de una burguesía monopolista "pasando por todos los rigores del dominio de los monopolios", *y* sigan siendo importadores de capital *y* dependientes.

4. ¿POR QUÉ SE INDUSTRIALIZARON LOS ESTADOS UNIDOS EN EL SIGLO XIX MIENTRAS ARGENTINA NO LO LOGRÓ?

A la luz del estudio de las clases sociales específicas del subdesarrollo y de la naturaleza de los de los Estados que surgieron en América Latina con el proceso de independencia, no es difícil resolver una de las interrogantes que muchos hombres de ideas se han planteado en el caso de Brasil y especialmente de Argentina.

¿Por qué razones los Estados Unidos se industrializaron en el siglo XIX, mientras el Brasil, y especialmente Argentina no lo lograron, transformándose este último en el país subdesarrollado más avanzado a principios del siglo XX?

En el caso del Brasil, las limitaciones impuestas al gobierno brasileño en los acuerdos comerciales con Inglaterra de 1810 a 1827 parecen ser, para algunos autores, la razón que explica este hecho.

"Ese punto de vista —sostiene Furtado—, común entre los estudiosos de la economía brisileña, es expuesto, por

ejemplo, por R. Simonsen[64]*: 'Teníamos que adoptar en aquel tiempo, una política semejante a la que la nación norteamericana siguió en el período de su formación económica. Productores de artículos coloniales, frente a un mundo cerrado por 'policias coloniales' (alusión de Simonsen a uno de los dislates de la versión portuguesa del Tratado de Comercio de 1810, en el cual se tradujo* **policy** *por policía) nos volvimos, a pesar de ello, campeones de un liberalismo económico en América"*[65]*. "La 'apertura de los puertos' decretada en 1808 —apunta Furtado— era el resultado de una imposición de los acontecimientos. En seguida vienen los tratados de 1810 que transforman a Inglaterra en potencia privilegiada, con derechos de extraterritorialidad y tarifas preferenciales a niveles extremadamente bajos; esos tratados constituirán, en toda la primera mitad del siglo, una seria limitación a la autonomía del gobierno brasileño en el sector económico. La separación definitiva de Portugal en 1822 y el acuerdo por el cual Inglaterra consigue consolidar su posición en 1827 son otros dos hechos fundamentales en esa etapa de grandes acontecimientos políticos. Por último, cabe referirse a la eliminación del poder personal de don Pedro I, en 1831, y la consecuente ascensión definitiva al poder de la clase colonial dominante, formada por los señores de la gran agricultura de exportación.*[66]

"Sin embargo, no parece tener fundamento —reitera Furtado— la crítica común que se hace a esos acuerdos, según la cual ellos imposibilitaron la industrialización del Brasil en esa etapa, retirando de las manos del gobierno el instrumento del proteccionismo [...] La suposición de que

---

(64) Celso Furtado, **Formación Económica del Brasil;** Fondo de Cultura Económica, 2 edición en españoel, p. 107-108, nota; Río de Janeiro, 1974.

(65) R. Simonsen, *Historia económica do Brasil,* 3ed., p.406; S. Pablo, 1957); citado por Celso Furtado; Ob., cit., p. 108.

(66) Celso Furtado, Ob., cit., p. 101.

estaría al alcance del Brasil —en la hipótesis de que tuviese total libertad de acción— el adoptar una política idéntica a la de los Estados Unidos, en esa primera etapa del siglo XIX, no resiste a un análisis detenido de los hechos [...] El proteccionismo surgió en los Estados Unidos, como sistema general de la política económica, en una etapa bien avanzada del siglo XIX, cuando las bases de su economía ya se habían consolidado. Por la primera tarifa norteamericana de 1789, los tejidos de algodón pagaban solamente 5% advalorem y el término medio para todas las mercaderías era de un 8.5%. Varios reajustes permitieron que la tarifa para tejidos de algodón alcanzase a 17.5% en 1808, época en que la industria textil americana ya se podía considerar consolidada [...] En la época de su independencia la población norteamericana era más o menos equivalente en cantidad a la del Brasil. Las diferencias sociales, sin embargo, eran profundas, pues mientras en el Brasil la clase dominante era el grupo de los grandes agricultores esclavistas, en los Estados Unidos una clase de pequeños agricultores y un grupo de grandes comerciantes urbanos eran quienes dominaban el país [...] Condición básica para el desenvolvimiento de la economía brasileña en la primera mitad del siglo XIX, habría sido la expansión de sus exportaciones. Fomentar la industrialización en esa época sin el apoyo de una capacidad para importar en expansión, sería intentar lo imposible en un país carente de base técnica [...] Aún dejando de lado la consideración de que una política inteligente de industrialización sería impracticable en un país dirigido por una clase de grandes señores agrícolas esclavistas, es necesario reconocer que la primera condición para el éxito de aquella política habría sido una firma y amplia expansión del sector exportador. La causa principal del gran atraso relativo de la economía brasileña en la primera mitad del siglo XIX fue, por tanto, el estancamiento de sus exportaciones".[67]

---

(67) Celso Furtado; Ob., cit., pp. 107-108, 113-114.

Pues bien, en la primera mitad del siglo XIX no existían, en nuestra opinión, condiciones en el Brasil para impulsar un proceso de industrialización. Y la razón fundamental de este hecho lo destaca el propio Furtado.

*"Una política inteligente de industrialización **sería impracticable en un país dirigido por una clase de grandes señores agrícolas esclavistas "**.*[68]

He ahí la condición y razón sine-qua-non, fundamental, que explica por qué el Brasil evolucionaba en el sentido de transformarse en el siglo XX en una vasta región subdesarrollada. Todas las demás causas del gran atraso de la economía brasileña en la primera mitad del siglo XIX, como el "estancamiento de sus exportaciones", que señala Furtado, o la ausencia de una política **proteccionista** idéntica a la de los Estados Unidos, en esa primera etapa del siglo XIX, agravada por las limitaciones impuestas al gobierno brasileño en los acuerdos comerciales con Inglaterra de 1810 a 1827, que sostiene Simonsen, punto de vista este último tan común entre los estudiosos de la economía brasileña, salen sobrando.

"Las diferencias sociales [...] —reitera Furtado—, eran profundas, pues mientras en el Brasil la clase dominante era el grupo de los grandes agricultores esclavistas, en los Estados Unidos una clase de pequeños agricultores y un grupo de grandes comerciantes urbanos eran quienes dominaban el país".[69] Véase aquí como Furtado pasa por alto en la estructura de clases de los Estados Unidos, en esa época, la poderosa oligarquía algodonera y esclavista del sur sin la cual es imposible entender la raíz, o mejor dicho, los términos del problema.

------

(68) Íbid., pp. 113-114.

(69) Íbid., p. 108.

En el caso de Argentina, que en mi opinión es el país que justifica la interrogante, fue el historiador inglés Eric J. Hobsbawm quién planteaba, en 1971, mientras conversábamos en el Birkbeck College de la Universidad de Londres, **por qué razón Argentina que tenía mejores condiciones que los Estados Unidos durante el siglo XIX no pudo industrializarse y los Estados Unidos si lo logró.**

Ciertamente que cuando comparamos la Argentina de la primera mitad del siglo XIX con los Estados Unidos, desde el punto de vista de las clases sociales especificas **del subdesarrollo, Argentina tenía mejores condiciones para impulsar un proceso de industrialización que los Estados Unidos. Si bien es cierto que en ambos países se había desarrollado una poderosa oligarquía moderna, antinacional y extranjerizante** *(los exportadores ganaderos de la pampa argentina unidos a los grandes comerciantes importadores del puerto de Buenos Aires,* **correspondían a la también** poderosa *oligarquía esclavista de la plantación algodonera del sur de los Estados Unidos unida a los grandes comerciantes importadores).* **La gran ventaja en Argentina es que nunca existió el esclavismo mientras que la plantación algodonera siempre estuvo basada en el trabajo esclavo con todo lo que ello implicaba.**

El poder de los plantadores algodoneros y esclavistas del sur era enorme.

"El algodón, que llego a representar más de la mitad del valor de las exportaciones de los Estados Unidos —subraya Furtado—, constituyó el principal factor dinámico del desenvolvimiento de la economía norteamericana en la primera mitad del siglo XIX. Su cultivo permitió la incorporación de abundantes tierras fértiles en Alabama, Mississipi, Luisiana, Arkansas y Florida, las cuales eran utilizadas en forma

más o menos idéntica a lo que había de ocurrir en el Brasil con el café. Las formas extensivas de cultivo obligaban a buscar siempre nuevas tierras y a penetrar en el interior del Continente. Y principalmente como reflejo de de ese sistema en expansión en el sur se pobló el medio oeste norteamericano, abriéndose espacio a las grandes corrientes de colonización europea, las cuales penetraban en el centro del Continente subiendo los grandes ríos que las ligaban con los mercados del sur [...]. La revolución industrial, en el último cuarto del siglo XVIII y en la primera mitad del siglo XIX, consistió fundamentalmente en una profunda transformación de la industria textil [...]. La primera etapa[...] presenta evidentemente dos características básicas: la mecanización de los procesos manufactureros de la industria textil y la sustitución en esa industria de la lana por el algodón, materia prima ésta cuya producción se podría expandir más fácilmente. Si a Inglaterra le cupo la tarea de introducir los procesos de mecanización, fueron los Estados Unidos los que asumieron la responsabilidad de la segunda: proporcionar las inmensas cantidades de algodón que permitieron, en algunos decenios, transformar la fisonomía de la oferta de tejidos en todo el mundo. En efecto, entre 1780 y la mitad del siglo XIX, el consumo de algodón por las fábricas inglesas aumentó de 2 000 toneladas hasta cerca de 250 000".[70]

Contrariamente a lo que ocurría en las colonias de las grandes plantaciones algodoneras del sur esclavista de los Estados Unidos, explotadas a base del trabajo esclavo en la cual los gastos de consumo estaban concentrados en una reducida aristocracia de propietarios esclavistas y se satisfacía con importaciones, en las colonias de pequeños propietarios del norte, en gran parte autosuficientes, constituyeron comunidades con características totalmente diferentes. En ellas era mucho menor la concentración de beneficios y los mis-

---

(70) Celso Furtado, Ob., cit., pp.112, 111.

mos estaban mucho menos sujeto a bruscas contracciones económicas. En consecuencia, el patrón medio de consumo era elevado con relación al nivel de producción *per cápita*. Por **otra parte, la abundancia de tierra volvía atractiva la inmigración europea en el régimen de servidumbre temporal. Al surgir para el pequeño propietario la posibilidad de vender regularmente parte de su producción agrícola, se hizo posible para él la financiación del viaje de un inmigrante cuyo trabajo sería explotado durante cuatro años. Se estima que por lo menos la mitad de la población europea que emigró para los Estados Unidos antes de 1700 estaba constituida por personas que habían aceptado uno u otro régimen de servidumbre temporal**[71].

Conviene destacar que las colonias del norte de los Estados Unidos se desarrollaron en la segunda mitad del siglo XVII y primera mitad del XVIII, como parte integrante de un sistema mayor dentro del cual el elemento dinámico estuvo constituido por las regiones antillanas productoras de artículos tropicales. La penetración del azúcar en las islas del Caribe obligó a salir una cantidad sustancial de la población blanca que fue a establecerse en las colonias del norte. Se trataba, especialmente, de pequeños propietarios que se vieron en la necesidad de vender sus tierras y que se transfirieron a esas colonias con algún capital. Por otra parte, el azúcar desorganizó y, en algunos sitios, eliminó la producción agrícola de subsistencia. Las islas se transformaron, rápidamente, en grandes importadoras de alimentos, y las colonias septentrionales, que poco tiempo atrás no sabían qué hacer con su excedente de producción de trigo, se constituyeron en principal fuente de abastecimiento de las prósperas colonias azucareras. Y no solo quedó en la exportación de artículos de consumo la importante corriente comercial

---

(71) Celso Furtado, Ob., cit., p. 38.

que se formó entre los dos grupos de colonias inglesas. Sin disponer de fuerza hidráulica para mover los ingenios azucareros, las islas dependían principalmente de animales de tiro como fuente de energía. Tampoco disponían de madera para fabricar las cajas en que se exportaba el azúcar. Una y otra cosa tenían que venir del norte. Ese importante comercio se efectuaba principalmente en navíos de los colonos de Nueva Inglaterra, lo que vino a fomentar la construcción naval en esa región. Esa industria, encontrando condiciones excepcionalmente favorables debido a la abundancia de la madera adecuada, se desarrolló intensamente transformándose en una de las principales actividades exportadoras de las colonias septentrionales. Por último, cabe mencionar la instalación de una importante industria derivada de la caña de azúcar: la destilación de bebidas alcohólicas. En este caso la integración se realizó con las Antillas francesas. Éstas, que tenían prohibición de usar la materia prima de que disponían —para evitar la competencia con las industrias de bebidas de la Metrópoli—, la vendían a precios extremadamente bajos. Los colonos del norte se aprovechaban de esos precios bajos para competir ventajosamente con las propias Antillas inglesas en ese negocio altamente lucrativo.[72]

Por otra parte, las medidas restrictivas con respecto a la producción manufacturera que Inglaterra imponía a sus colonias en la época mercantilista tuvieron que ser aplicadas en forma muy especial en los Estados Unidos. Las líneas generales de la política inglesa pasaron a ser las siguientes: fomentar en las colonias del norte aquellas industrias que no compitiesen con las de la Metrópoli, permitiendo a ésta reducir sus importaciones de otros países; no permitir que la producción manufacturera de las mismas en los demás sectores compitiese con las industrias de la Metrópoli en otros mercados coloniales. Las medidas coercitivas comenzaron

---

(72) Celso Furtado, Ob., cit., pp. 35-36

a surgir cuando las colonias del norte llegan a competir con la Metrópoli en las exportaciones de manufacturas. En el caso especial del acero hubo preocupación en dificultar su producción en la colonia, pero en compensación se fomentó la producción del hierro, para permitir a Inglaterra reducir su dependencia de los países del Báltico. Por otro lado, las propias colonias que se enfrentaban con dificultades para efectuar las importaciones de las manufacturas que necesitaban, desde el principio crearon conciencia de la necesidad de fomentar la producción interna. Ya en 1655 Massachusett aprobó una ley obligando a todas las familias a producir los tejidos que necesitaran. Muchas colonias prohibían la exportación de ciertas materias primas, como cueros, para que fuesen manufacturados localmente. Por último, importa mencionar el extraordinario avance de la industria de construcción naval que desempeñaría un papel fundamental en el desenvolvimiento ocurrido en la época de las guerras napoleónicas. Ya antes de la independencia las tres cuartas partes del comercio norteamericano se realizaba en sus propios barcos. La guerra de independencia que interrumpió por varios años el abastecimiento de manufacturas inglesas, creó un fuerte estímulo a la producción interna, que ya disponía de base para expandirse. Casi en seguida tuvo lugar el inicio de la etapa de grandes trastornos políticos en Europa, que estimularon el desenvolvimiento de la economía norteamericana. Durante muchos años, los Estados Unidos fueron la única potencia neutral que disponía de una gran flota mercante. Con las dificultades del abastecimiento europeo, las Antillas inglesas y francesas se orientaron hacia el mercado norteamericano de alimentos. Para que se tenga idea de esa prosperidad, basta tener en cuenta que de 1789 a 1810 la flota norteamericana creció de 202 mil a 1 425 000 toneladas, y que todos esos barcos eran construidos en el país[73].

---

(73) Celso Furtado, Ob., cit., pp. 109-110.

Surgió así un profundo conflicto entre dos tipos de economía completamente diferentes: el norte industrial y agrario con una economía capitalista libre y abolicionista, dirigida principalmente para el mercado interno, y el sur esclavista con una economía de exportación algodonera, esclavista e importadora de manufacturas inglesas.

Este antagonismo, alcanza su expresión política más grave a principios de 1861. **Abraham Lincoln** perdió una contienda senatorial en la que exigía un alto a la expansión de la **esclavitud**, pero en **1860** él y **Douglas** volvieron a enfrentarse: esta vez como los candidatos presidenciales Republicano y Demócrata. Para entonces la tensión entre el Norte y el Sur era extrema. Douglas conminó a los demócratas sureños a permanecer en la Unión, pero éstos por su parte nombraron su propio candidato presidencial (**John C. Breckinridge**) y amenazaron con separarse si los Republicanos resultaban victoriosos. La mayoría en los estados Sureños y fronterizos votaron contra Lincoln, pero el Norte lo apoyó y ganó las elecciones. En marzo de **1861**, cuando Lincoln tomó posesión de su cargo, **Carolina del Sur, Misisipi, Florida, Alabama, Georgia, Luisiana** y **Texas** se constituyeron en los **Estados Confederados de América** con **Jefferson Davis** como presidente, proclamando su secesión de la Unión, acto que Lincoln declaró ilegal en su discurso inaugural. Con este acto se da inicio a la guerra civil o guerra de secesión. La prioridad de Lincoln fue mantener a Estados Unidos como un solo país. El primer acto de guerra fue el asalto confederado a la guarnición de **Fort Sumter** el 12 de abril de 1861. La represión del ejército al **recuperar Fort Sumter**, hizo que a los estados confederados se les unieran **Virginia, Arkansas, Tennessee** y **Carolina del Norte**. De este modo comenzó la guerra civil entre los Estados Confederados del Sur y los Estados del Norte, que acabaría con la victoria de estos últimos en 1865. Con la culminación de la guerra se mantiene la unión y se pone fin al antagonismo entre los dos tipos de economía[74].

El norte, por tanto, no sólo acabo con la poderosa **oligarquía esclavista de la plantación algodonera unida a los grandes comerciantes importadores de manufactura inglesa, sino que aplicó una política proteccionista y permitió la industrialización de todo el país.**

En Argentina ocurrió lo inverso. La poderosa oligarquía moderna, antinacional y extranjerizante del puerto de Buenos Aires fue la victoriosa en la guerra civil que sucedió a la independencia, y; el "tipo de economía", "estilo" o "modelo de expansión hacia afuera", basado en la producción de productos primarios para los grandes centros industriales y en la importación de productos manufacturados de esos centros, fue el tipo de economía que predominó en forma casi exclusiva hasta la Primera guerra mundial.

"La burguesía porteña y los hacendados de los campos colindantes, las dos clases sociales fundamentales de la Provincia-Metrópoli –subraya Abelardo Ramos–, asumieron ejecutivamente un papel que las restantes Intendencias, divididas ahora en Provincias no le habían conferido. Buenos Aires rompió con España y pretendió sustituir al Rey por ella misma en la hegemonía con respecto a las provincias restantes. Toda la historia de la Argentina posterior –agrega el autor– es la historia por imponer esa hegemonía y el relato de la lucha de las provincias para rechazarla. Las guerras civiles argentinas se fundan en esa pretensión y en la negativa de los intereses porteños, sea

---

(74) Wikipedia (la enciclopedia libre), La Guerra de Secesión (artículo). Fecha de consulta: 5 noviembre 2015.
Disponible en: https://es.wikipedia.org/wiki/Guerra_de_Secesión.

con Rivadavia y Mitre, como hombres de la burguesía comercial pro-británica, o de Rosas, como representante de los hacendados, para aceptar la igualdad de Buenos Aires con las provincias interiores, organizar la Nación en los límites virreinales y dividir las rentas aduaneras entre todas sus partes. Es cierto que la 'Nación' había sido expresada hasta ese momento por un poder externo a América Hispánica misma, vale decir, por la monarquía española. Al desligarse de ese vínculo, Buenos Aires está obsesionada por el disfrute exclusivo de sus rentas y pierde de vista al conjunto de la unidad hispanocriolla. Su condición será célebre y desde los primeros años de la revolución acariciaba la idea, pocas veces manifestada claramente, de su independencia completa con respecto al resto del territorio hispanoamericano del que formaba parte"[75].

"*Si el Litoral —sostiene Milciades Peña—, coincidía con Buenos Aires en su libre cambio ganaderil opuesto al proteccionismo artesanal del interior, sus intereses se unían a los del interior y se contraponían de plano a los de Buenos Aires ante el problema decisivo de la Aduana. Casi todo lo que el país exportaba e importaba pasaba por la Aduana del puerto de Buenos Aires, y Buenos Aires era quien se quedaba con el jugoso producido de esa Aduana, sin dar a las restantes provincias ninguna participación en sus beneficios*"[76].

Los estancieros de Buenos Aires, por otra parte, pretendieron convertir su propio puerto en el único puerto nacional del Litoral. Este monopolio de la aduana y el puerto contra-

---

(75) Jorge Abelardo Ramos, **Historia de la Nación latinoamericana;** A. Peña Lillo editor, pp. 246-247, Buenos Aires, Argentina, 1968.

(76) Milciades Peña, **El paraíso terrateniente (Federales y Unitarios, forjando la civilización del cuero);** Ediciones Fichas, 2ª. Ed., p. 22; Buenos Aires, 1972.

rio a la unidad nacional, favoreció todas las tendencias centrífugas en las regiones del Litoral que disponían de puertos superiores y en mejor capacidad de dar salida directa a sus exportaciones[77].

Finalmente, la política de libre cambio de Buenos Aires impidió que parte de la expansión de la demanda del Litoral se canalizase hacia la compra de bienes en el resto del país. El interior pudo haber recibido por vía indirecta los beneficios de esa expansión de las exportaciones a través del incremento de sus propias ventas para satisfacer la demanda creciente del Litoral. Sin embargo, la libertad de importaciones seguida por Buenos Aires ahogó esta factibilidad y, con ello, toda posibilidad de difundir los impulsos dinámicos generados por la expansión de las exportaciones del Litoral. Pero, además, los productos importados en Buenos Aires y distribuidos desde allí hacia las provincias mediterráneas compitieron con la producción local dentro de cada región y afectaron las corrientes tradicionales del intercambio de las regiones del interior entre **sí**. "Las cifras disponibles sobre las importaciones efectuadas por el puerto de Buenos Aires revelan que hacia mediados del siglo XIX alrededor del 50% de las importaciones totales consistía en textiles, bebidas, azúcar, yerba mate y tabaco, productos todos que

---

(77) "Los conflictos entre Rosas y Francia —apunta Giberti—, y en menor medida Inglaterra, tuvieron una repercusión favorable sobre el Litoral. Los estancieros, principalmente los de Entre Ríos, ampliaron enormemente sus negocios gracias al comercio directo -sin intermediación porteña- con los países europeos. Los barcos de ultramar entraban por el Paraná y el Uruguay trayendo manufacturas y llevando los cueros, tasajo, astas, cerdas, tabaco y yerba que antes sólo podían salir por Buenos Aires. Pero en 1849 cuando Rosas llega a un acuerdo con Inglaterra, por el cual aquella reconoce el monopolio portuario de Buenos Aires comprometiéndose a no navegar los ríos interiores, el Litoral ve cerrarse la fuente de su prosperidad. Las naves debían recalar en Buenos Aires para descargar y cargar, y nuevamente los productores del Litoral debieron rendir tributo a la aduana bonaerense". (Horacio Gilberti, **Historia económica de la ganadería,** Ed. Raigal, p. 132, Buenos Aires, 1954.

competían directamente con la producción del interior. Muchos de estos rubros, particularmente textiles, tenían un grado de refinamiento y un nivel de precios contra los cuales no podían competir las precarias e ineficientes artesanías del resto del país"[78]. Las provincias comprendieron muy bien que la solución de sus problemas económicos no dependía básicamente de ellas sino de la Provincia de Buenos Aires. La guerra civil que ensombrece todo el proceso de desarrollo económico y político del país a partir de la independencia hasta la segunda mitad del siglo XIX es el testimonio incontestable de su lucidez.

Esa es, por tanto, la razón por la cual Argentina, a pesar de tener mejores condiciones socio-económicas que los Estados Unidos durante el siglo XIX, no logró transformarse en un país industrializado.

---

(78) Aldo Ferrer, La **economía argentina (las etapas de su desarrollo y problemas actuales);** Fondo de Cultura Económica, 3a. ed., p. 82, Buenos Aires, 1968. Para este autor el período de transición en las etapas - del desarrollo de la economía argentina, abarca desde fines del siglo XVIII hasta 1860.